写真マンガでわかる

建築現場管理100ポイント

玉水新吾 著
阪野真樹子 マンガ

学芸出版社

目次

第1章　品質管理

Quality

第２章　コスト・工程管理

Cost,Delivery

第3章 安全管理

第4章 人間関係管理

Human

第5章 環境管理

Environment

はじめに
――ブロークンウィンドウズ理論とは

「ブロークンウィンドウズ理論」という理論があります。もともとは、犯罪の予防理論ですが、いわゆる経験則から導き出されていますので、実社会においてもヒントになる点が多く、様々な点で応用できます。今回のテーマである建築現場において、この理論にあてはめて考えてみると、なるほどと、うなずくことのできる点が実に多々あることがわかります。

犯罪予防理論

「ブロークンウィンドウズ理論」は、日本語では文字通り、「壊れ窓ガラス理論」と訳されましたが、むしろ「ブロークンウィンドウズ理論」として有名になってきました。

ブロークンウィンドウズ理論を説明します。例えば、人から見えにくい場所にある住宅で、たった1枚の割れた窓ガラスをそのまま放置しておくと、何がおきるでしょうか？

いつも割れた状態の窓ガラスを見ていると、さらにもう1枚ガラスを割ろうとする人が増えます。割れている1枚のガラスが2枚になります。その人たちは特別の罪悪感を感じていません。原因は、「この家は管理されていない」というシグナルが発信されているからです。街行く人はそのシグナルを敏感に感じ取ってしまうのです。やがて、その近辺の住宅もいたずらされ、街全体が荒れて、さらに犯罪が増えていくといわれています。したがって、たった1枚のガラスでも割れたらすぐに修繕しましょうという犯罪予防理論を、アメリカの犯罪心理学者ジョージ・ケリング博士が提唱しました。

この理論を実際に応用したのがニューヨーク市のジュリアーニ元市長です。ニューヨークの地下鉄車両はスプレーの落書きだらけでした。その落書きされた車両の、落書きを徹底的に消すことに取り組みました。「地下鉄はしっかりと管理されている」というシグナルを発信したことになります。

その結果、わずか数年間で、殺人事件の数を67%も減少させる実績を作りました。治安が回復し、中心街も活気を取り戻しました。住民が戻ってきて、需要の増加により、家賃も45%上昇したというおまけもつきました。

地下鉄の落書きを徹底的に消すという取り組みが、何故、殺人事件の減少につながったのか?

「管理している」というシグナルを発信したからです。結果として、犯罪都市ニューヨークを、以前よりもはるかに安全な街に変えました。軽犯罪を徹底的に取り締まることが、凶悪犯罪の減少につながったという現実の結果により、ブロークンウンドウズ理論が証明され、一躍有名になりました。

ビジネスへの応用

たとえば、汚いトイレのレストランは、顧客の要望に答えていないというシグナルを発信しています。きっと調理もおざなりです。問い合わせの電話を永く待たせることや、注文した内容が正確に伝わらないことも同様です。店側にとって、ブロークンウィンドウズは気付きにくいのです。客側にとっては、腹がたちます。

飲み屋で、最後に締めようとして、お茶といったら、有料のウーロン茶が人数分出てきました。皆が顔を見合わせ、一瞬の沈黙の後、黙ってお金を支払いましたが、もう2度とその店には行かないと決心します。お客様が不快に思うことは、全てブロークンウィンドウズです。大阪では「けったくそが悪い」といいます。けったくその問題は、理論を超越しますから、ビジネスの世界では、非常に影響が大きいのです。二度とリターンすることはありません。

逆に、成功例として、日本のディズニーランドでは、些細なキズをおろそかにせず、修繕を惜しみなく夜間に頻繁に行なうことで、従業員や来客のマナー向上につながっています。さらに、キズをなおすという消極的対策だけではなく、ブロークンウィンドウズの対極として、積極的対策をとることもあります。例えば、お客様にピアノの生演奏を提供することは、ブロークンウィンドウズの逆の意味になると思います。

建築現場への応用

実は、このブロークンウィンドウズ理論は、建築の施工現場でも応用できます。たとえば、現場におけるブロークンウィンドウズには以下のようなものがあります。

ハード面

Q（Quality）：雨漏り・床鳴り・クロスのしわ・建具調整不良。

C（Cost）：明らかに他社よりも割高に感じるもの（感じるのは建築主）。

D（Delivery）：契約工期の遅延・約束した日に入らない。工程表を示さない。

S（Safety）：不安全状態・不安全行動・シートの垂れ下がり・仮設トイレの臭いや汚れ・ヘルメットを着帽しない・整理整頓不良。

E（Environment）：分別しない廃棄物管理・ゴミ満載、材料の無駄。

ソフト面

H (Human)：整理・整頓・清掃・清潔・躾の 5S、片付け不良、タバコのポイ捨て、ラジオの騒音、駐車マナー。

これらのブロークンウィンドウズを放置しておくと、「この現場は管理されていない」というシグナルを発信したことになります。現場の職人・街行く人は、敏感にそのシグナルを感じ取ってしまいます。気持ちの緩みから、不安全行動がおこるかもしれません。それは、不安全状態をつくりだし、さらに、不安全行動につながります。スパイラルダウンという現象になります。品質も低下します。工期も遅延します。コストも上ります。環境も悪化します。

「この現場はしっかりと管理されている」というシグナルを発信したいものです。管理するには、感受性が大切ですが、感受性は人によりバラツキ、忙しさの状況によりバラツキ、体調によりバラツキますので、心の余裕が必要です。また、感じただけでは意味がありません。感じたら、行動に移す意欲も必要です。

建築現場においても、このような感受性と、それに伴う行動をとって欲しいという願いを込めて、100 項目にまとめました。現場で挨拶をする、片付けることを実行するだけでも、効果があります。

第1章

品質管理

建築現場における品質管理とは、あって当たり前の世界であり、契約どおり、図面どおり、見積りどおり、申請どおり、施工マニュアルどおり、しかるべき内容の工事を行います。基準から外れることは許されません。建築主が、工事の内容を理解して、納得しなければなりません。建築主が納得するための説明やサポートを充分に時間をかけて、行うのが技術屋の義務です。思い違いがあっては満足感を得ることはできません。

001 敷地境界と地縄の確認はできているか？

✖ 管理されていない現場

境界はこれかな、
地縄はこちらで確認して
おきますから。
境界はどこ？

敷地の境界ポイントと地縄確認は、建築現場に携わる技術屋にとって、当り前の最重要事項です。ここでミスをすると、極めて大きなトラブルになります。当然ミスをすることはほとんどありません。

この地縄確認立会いを省略することは許されません。建築会社の工事担当者と建築主が必ず、現実に現場で現物を確認します。これを、**3現主義**といいます。建築主によっては、建築会社に任せるという場合もありますが、無理をしてでも立ち会うべきものです。住宅会社と相談して、休日に地縄確認を行う場合が多いのです。

工事中に、建築主が現場で立ち会うケースはそれほど多くありません。押さえるべきところを押さえるということです。建築会社は、ここで痛い目をしている経験が多々あるためです。

ポイント ☞ 境界ポイントと地縄確認は最重要事項!

○ 管理のゆき届いた現場

このラインをご覧下さい。境界ポイントと地縄を確認します。
これで了解。よろしくお願いしますね。

- ◆敷地境界ポイント全部の確認
- ◆地縄の確認
- ◆高さの確認（ベンチマーク設定）
- ◆近隣挨拶

上記全部を建築主・建築会社立会いの上、同じ日に行ないます。実施した記録もとります。地縄確認には承認済みの印鑑を捺印する場合もあります。

建築会社としては、守らなければならないルールです。工事担当者も、用事が済めば直ちに建築主と別れて、次の現場に向かうのではなく、せっかくの立会いの機会ですから、今後の工程の説明や現場の安全・環境などの話題を説明する時間をとるべきものです。

コミュニケーションの時間を多くとるほど、建築主の満足度は高くなり、トラブルの可能性は低くなります。問題が出ても早期であるほど、解決は楽です。

❑ **CHECK**

建物配置の確認、ヨシッ！

002 地耐力と建物の基礎補強は適正か？

✖ 管理されていない現場

建物が不同沈下した場合で、ジャッキアップして、上げているところです。大変な作業です。建築会社が行う構造の保証は10年です。長期間にわたって、構造の保証を行います。

スウェーデン式サウンディングと呼ばれている検査データにより、地耐力を判断し、基礎の補強の必要性を検討します。ここで判断ミスをすると、大変な責任問題になりますので、安全側に判断します。安全側に過ぎると過剰な基礎になり、コストが上昇します。バランスが重要となります。

不同沈下は、建築現場では、最も大きな問題となります。誰も喜ぶことなく、建築会社は大きな出費になります。慎重に判断し、仕事をします。

ポイント ☞ 適正な地耐力判断と基礎補強

○ 管理のゆき届いた現場

建築現場で、乾式柱状改良と呼ばれる、基礎補強工事が完了しました。地盤硬化剤と、現場の土をアースオーガーという機械で攪拌してつくった杭の上に基礎をつくります。支持層まで到達した杭の強度は安心です。多少軟弱地盤であっても、適正な補強が実施されれば、問題ありません。

適正な地耐力判断と、適正な基礎補強かどうかです。基礎補強方法は多くあり、その地盤に最も適した方法を採用します。

後からでは見えなくなる基礎補強はしっかりと写真を撮って確認しておきたいところです。

❑ **CHECK**

基礎補強は図面どおり、ヨシッ！

003 基礎補強筋の施工はしっかりされているか？

✕ 管理されていない現場

基礎のコンクリートを打設する前に配筋検査があります。しかるべき鉄筋が、規定通りに配筋されているかを確認します。配筋検査が不合格の場合には、手直し完了後でなければ、コンクリートを打設することは不可です。

コンクリート打設直前に配筋検査をしたのでは、問題点が発生した場合には対処不能となります。工程の余裕が必要です。

基礎の立ち上がりには要所に開口部が設けられます。またＴ型・Ｌ型・＋型などのコーナー部ができます。これらの箇所には、しかるべき補強鉄筋を、現場で追加施工しなければなりません。追加といっても、サービスに入れる鉄筋ではなく、必要な鉄筋ですから、かぶり厚さの確保も必要です。

○ 管理のゆき届いた現場

斜め鉄筋
配筋検査完了で、
異常なし。
建築主に報告しよう。

基礎立ち上がり部に開口部があります。メンテナンスのための人通口ですが、構造上の弱点になるため、斜め鉄筋で補強し、結束されています。このような補強鉄筋が、規定通りに配筋される必要があります。小規模の建物の基礎は、大きな構造物に比べ、鉄筋が密に入り複雑です。アンカーボルトやかぶり厚さも配慮します。配筋検査時によく確認しないと、鉄筋の不足が生じる可能性があります。

通常は認定を受けた、工場加工の溶接鉄筋を、現場組立てで施工しますので、材料の点で安心です。補強鉄筋は、現場施工になるため、バラツキが生じる可能性が高く、特に注意が必要です。

❑ **CHECK**

配筋検査完了で異常なし、ヨシッ！

004 基礎鉄筋のかぶり厚さは設計どおりか？

✖ 管理されていない現場

かぶり厚さが20㎜ しかナイゾ！
すみません。大至急なおします。

左側の基礎鉄筋が少し寄り過ぎ、あばら筋と型枠の最短距離が短くなり、かぶり厚さがとれない場合です。設計かぶり厚さ 40㎜ のところですが、約 20㎜ しかありません。最も条件の悪い箇所で図ります。

「ドーナツ」を取り付けて、鉄筋を寄せる必要があります。右側には「サイコロ」が取り付けてあり、規定のかぶり厚さが確保されます。ドーナツやサイコロはかぶり厚さを確保するための手段です。斜め補強筋やスリーブ補強筋を入れる場合には、サービスで入れる鉄筋ではありませんので、補強筋もかぶり厚さを考慮します。

配筋検査は重要な検査です。技術屋として、将来に禍根を残さない、満足することのできる仕事をしたいものです。

ポイント ☞ 設計かぶり厚さの寸法確認

○ 管理のゆき届いた現場

「サイコロ」が設置され、下面のかぶり厚さが確保されます。

「ドーナツ」が設置され、側面のかぶり厚さが確保されます。

鉄筋のかぶり厚さは、部位により、耐久性・耐火性・構造耐力を考慮して、規定されています。かぶり厚さが少ないと、コンクリートの中性化現象、火災時の爆裂、付着力不足などにより、問題が生じます。

最小かぶり厚さに10㎜の施工誤差(現場では必ず施工誤差があります）を考慮して、設計かぶり厚さが定められています。

配筋検査合格後、コンクリートを打設しますので、鉄筋の手直し期間を考慮して、配筋検査時期とコンクリート打設時期を決めます。合格を前提とした手直し期間の余裕のない設定は問題です。

❏ **CHECK**

設計かぶり厚さの確認、ヨシッ！

005 コンクリートの品質は信用できるか？

✖ 管理されていない現場

オーイ、ちょっと固いぞ。水を混ぜてくれ！
コラッ、加水厳禁だ！

住宅現場では、JIS 表示許可工場に、生コンを発注します。それは、ゼネコンと違い、工事担当者が生コン打設に立ち会わない場合が多いからです。大きな物件では立ち会うこともありますが、通常は、基礎施工業者に任せます。したがって、生コンの材料に関しては、問題のないものを搬入します。しかるべきコンクリート呼び強度を保証するものです。

「水セメント比」つまり〈水 / セメント〉の重量比がコンクリートの強度に大きく影響します。施工性の許す範囲で、水が少ないほど、硬いほど、良質のコンクリートになります。ひび割れなどの耐久性にも影響します。現場で勝手に水を加えると建築基準法 37 条違反となります。「**加水厳禁**」と呼ばれ、現場の常識となっています。

ポイント ☞ 強度と耐久性は、生コンの納入書で管理

〇 管理のゆき届いた現場

生コン受入検査
スランプが 15cm
空気量が 4.5%
塩化物含有量
供試体採取
コンクリートは予定通りですか？
これなら大丈夫ですよ。いいデータですよ。

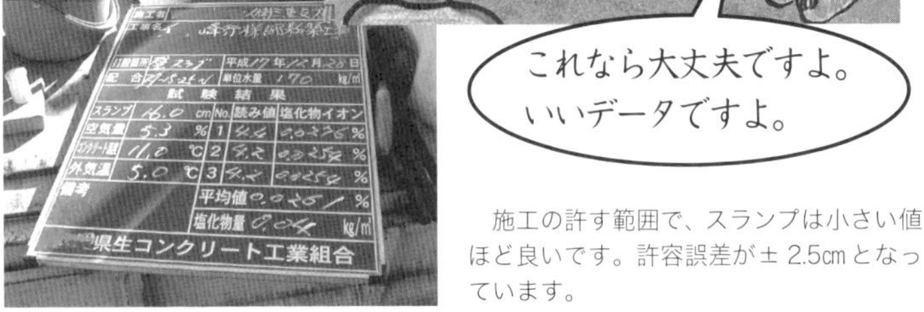
平成17年12月28日
単位水量 170 kg/m³
試験結果
スランプ 16.0 cm
空気量 5.3 %
コンクリート温 11.0 ℃
外気温 5.0 ℃
No. 読み値 塩化物イオン
備考
平均値
塩化物量 kg/m³
県生コンクリート工業組合

施工の許す範囲で、スランプは小さい値ほど良いです。許容誤差が± 2.5cm となっています。

住宅の基礎は、ビル建築と比較して、柔らかめになります。

通常の住宅では、このような生コン受入検査は実施しません。ゼネコンのビル建築では、工事担当者が常駐しますが、住宅では多数の現場を１人の工事担当者が掛け持ちしますので、仕様を決めて、お任せになるのが一般的です。生コンの納入書で管理します。呼び強度・スランプ・粗骨材の最大寸法・セメントの種類などです。

住宅会社との信頼関係で契約をし、住宅会社が建物の保証を行ないます。基礎のコンクリートに関して、特別のこだわりを持つならば、追加コストが必要ですが、検査を実施することは可能です。

❑ **CHECK**

コンクリート加水厳禁、ヨシッ！

006 基礎コンクリートの湿潤養生期間は充分か？

✖ 管理されていない現場

型枠をバラした後は、
シート養生しろ！
ハイッ、すぐ散水して、
シートをかけます。

基礎コンクリートの型枠を解体した後、湿潤養生を行わずに、そのまま放置しました。建築会社として、コンクリート強度には安全をみて、設計基準強度よりも高強度で生コンを発注するために、通常特に異常は生じません。ただ、少しでも永い湿潤養生期間を確保する方が、ひび割れの少ない良いコンクリートに成長します。型枠存置期間を永くしても、湿潤養生期間の確保と同じ意味になります。コンクリートはていねいに湿潤養生して取り扱うと、圧縮強度は成長するのです。

基礎工事で工期を短縮するよりも、むしろ工期遅延する方が良い状態です。工期遅延といっても、段取りは良く、湿潤養生期間を充分に確保するという意味です。

ポイント ☞ 基礎コンクリート湿潤養生期間の適正

○ 管理のゆき届いた現場

基礎コンクリートには湿潤養生が必要です。コンクリート打設後、型枠の撤去までの期間（季節により、4～6日）は、上面を除いて、湿潤養生されていると判断できます。

冬季の工事では、気温が冷えるため、シートをかけて温度養生することが必要です。夏季の工事では、気温が高く、急激に乾燥するため、散水してやはりシートをかけて乾燥を防ぎます。つまり常時シート養生を行うと完璧です。コンクリート打設後、少なくとも5日間は湿潤養生すべきです。コンクリートは永く湿潤養生するほど、ひび割れが少なく、強度のあるコンクリートになります。

❑ **CHECK**

コンクリート湿潤養生期間確認、ヨシッ！

007 アンカーボルトの通り・出は適正か？

✖ 管理されていない現場

アンカーボルトが、
端っこにあるなー！
大丈夫かなー？

アンカーボルトは、建物の基礎と、土台を緊結する、構造上重要なボルトです。基礎のちょうど真ん中に、アンカーボルトがきていません。型枠に随分と寄っています。土台を設置するときに、真ん中にアンカーボルトがあれば、構造的に問題ありませんが、程度問題ですが、土台の芯から大きく外れると問題となります。高さもまちまちです。施工精度に問題があります。施工は職人により、バラツキが生じやすいものです。

なお、アンカーボルトの設置は、コンクリート打設前に、設置用の治具金物を使用して、確実に設置します。コンクリートを打設してから、「田植え」形式で、設置してはなりません。図面通り、しかるべき位置に、適切な高さが必要です。本数不足はもっての他です。

ポイント ☞ アンカーボルトの位置・高さを確認

○ 管理のゆき届いた現場

アンカーボルトがきれいに
揃っているなー！
さすがはプロだね。

土台の墨出しをすると、基礎・土台のちょうど真ん中にアンカーボルトのラインが揃い、出（高さ）も一定で、気持ちのよいものです。位置・本数・高さも図面どおりです。アンカーボルトは、Ｚマークという表示がついたお墨付きです。現場で施工がきっちりとなされれば、材工共に問題ないことになります。工事初期段階の基礎は慎重にチェックします。アンカーボルトにも、コンクリートによるかぶり厚が必要ですが、基礎の真ん中にあれば、問題ありません。

コンクリート打設〜土台敷きまでの期間が、短いと、アンカーボルトを締め付ける際、クラックが発生する場合もあります。

❑ **CHECK**

アンカーボルトは問題なし、ヨシッ！

008 構造金物・釘仕舞いは完了しているか？

✖ 管理されていない現場

構造金物・釘仕舞いは重要な概念です。次工程の造作工事に着手する前に完了確認しなければなりません。構造金物・釘仕舞いを確認しないまま、工事を進めては問題です。

建物の構造により、指定の金物・ボルト・ビス・釘を全部固定します。全部が必要です。後で取り付けるという言い訳をする職人がいますが不可です。

木構造の場合には、木材の乾燥による収縮を考えます。木材の含水率は乾燥材といっても約19%です。それが、永い年月を経ますと数%ダウンします。より乾燥が進みますと、材木は縮みます。つまり、ボルト類は緩むことになります。石膏ボードなどで隠れる前に、ボルトの「増し締め」作業が必要です。

ポイント ☞ 構造金物・釘仕舞いが絶対条件

○ 管理のゆき届いた現場

構造仕舞い完了だ。
ヨシッ、建築主に
報告しよう。
ロックウール
370

ボルトの増し締め作業を完了しました。赤いスプレーを吹き付けています。ボルトを確認した証拠として残します。

このように、構造仕舞いの完了、ならびにボルト増し締め作業を完了している現場は、技術屋として、気持ちの良い管理状態です。自信をもって、建築主に構造仕舞い完了と報告できます。

構造検査を実施するのは、簡単ではありません。金物・ボルト・釘・ビスにいたるまで、図面と照合確認しますから、かなり時間がかかり疲れます。構造検査ではもれやすい検査のチェックポイントがありますから、専門の検査官は要領よく、1日に数棟こなします。

❑ **CHECK**

構造金物・釘仕舞い完了、ヨシッ！

009 現場の構造検査は完了しているか？

✕ 管理されていない現場

建物全体の構造金物・釘仕舞いを完了してから、次工程に進めます。ボルトや金物、釘の数量・位置を図面と照合しながら確認します。構造検査が完了しているのか、手直し工事があるのか、次の工程に進めてもよいものかどうかがはっきりしない場合は問題です。現場では、○×をはっきりしなければなりません。

部分的に構造検査を行いながら、完了したところのみ造作工事を進めていくやり方は不可です。職人によっては構造金物・釘仕舞いを完全に終わらないうちに、次の工程に進めたがります。これでは、現場に常駐しないシステムでは管理できません。完了確認をしないうちに見えなくなっていきますから、自信をもつことができません。建築主に対して、失礼なことです。

ポイント ☞ 構造検査の合格

○ 管理のゆき届いた現場

垂直精度はいいですね。
下げ振り
ちゃんと検査してくださっているんですね。

現場において、構造が適正に施工され、問題のない工事ということが前提条件になります。建築主にとっては、わかりにくいところですから、技術屋のメンツがつぶれないように、建築主の代理として、自信のもてる現場管理をしたいものです。

構造検査の内容は専門的になりますが、適正に工事管理されているかどうかは、建築主に伝わります。誰の責任で、いつ構造検査を実施し、不良箇所を指摘し、手直し完了確認をしたかの記録が必要です。「構造検査合格証」を張り付けます。職人も手直しすることにより、次回から指摘されないように、プロとして注意するハズです。

❑ **CHECK**

構造検査は合格だ、ヨシッ！

010 上棟前の雨養生はできているか？

✕ 管理されていない現場

基礎完了後、土台敷きから上棟する際、雨に濡れる場合があります。野地仕舞いを完了して、シート養生できればよいのですが、途中の段階では、シート養生がうまくできません。工法や延床面積によっては、シート養生できるまでに、数日かかります。その間に雨が降らなければよいのですが、日本の気候では、雨が降る可能性は高いことになります。したがって、雨に濡れても問題が少ないことが必要です。

材木を乾燥させて含水率を下げると、雨に濡れても、すぐに再乾燥します。この性質のおかげで、比較的問題は発生しません。

しかし、雨が降った後、濡れた材木・合板を見ると、印象が悪いのです。雨に濡れないに越したことはありません。

ポイント ☞ 建物を濡らさない配慮をする

○ 管理のゆき届いた現場

屋根の下地もていねいに、シートをかけてくださるんですね。
シート養生
ええ、なるべく濡れない方がよいですから。

屋根の野地合板を、ブルーシートで完全に覆いました。雨養生としては完璧です。野地仕舞い完了後は、直ちに雨養生します。

たとえ、あくる日に、屋根屋がアスファルトルーフィングを、施工する予定であっても、その日の雨対策として雨養生します。わずかの時間だけの養生かもしれませんが、建築主に対する配慮です。これは、建物を大切に扱っているというアピールにもなります。手段を駆使して、建物を濡らさない配慮が必要です。

大工が野地仕舞い完了後、アスファルトルーフィングを、大工施工する場合もありますが、その場合、ブルーシート養生は不要です。

❑ **CHECK**

雨養生は完璧、ヨシッ！

011 防蟻処理は確実に施工されているか？

✖ 管理されていない現場

白蟻による被害は、火災の被害に匹敵するといわれます。特に、木構造の建物には、1次原因が雨漏り、2次原因が結露、3次原因が白蟻という連鎖により、白蟻が誘発されます。水分の供給があると、甚大な白蟻被害になる場合があります。

ヤマトシロアリと比較して、南部に多い、激烈なイエシロアリの場合はなおさらです。木質系建物の場合、構造体そのものが被害を受けるために、問題が大きくなります。一方、鉄骨系建物では、構造体以外の木質が被害を受けるため、木質系建物よりも気分的には楽です。防蟻処理後に白蟻が発生する場合には、建物内のどこかに、工事中の木製型枠などの破片が埋め込められている場合が多いため、確認が必要です。

ポイント ☞ 防蟻未処理材による後施工なし

○ 管理のゆき届いた現場

基礎回りの防蟻処理

木部だけではなく、基礎コンクリート、建物内部の土の部分に薬液を施工中

木部の防蟻処理

施工したことを確認するため着色している。

地面から 1m 以内の範囲において、防蟻処理完了の証拠として、表示をして、写真撮影を行います。

防蟻処理といっても、昔に比べ、環境問題から、強力な防蟻処理剤を使用することができません。有機塩素系や有機リン系の薬剤は使用禁止になりました。環境に優しい防蟻処理剤は当然のことながら、白蟻に対しても効果は薄くなります。昔は防蟻処理を行なった現場にはアブラムシも寄り付きませんでしたが、最近は頻繁に見かけます。白蟻に強力に作用し、人間に優しい薬剤はありません。

❑ **CHECK**

防蟻処理の施工範囲、ヨシッ！

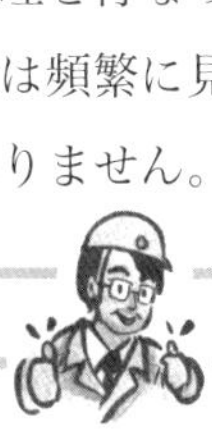

012 垂木から釘の外れはないか？

✖ 管理されていない現場

屋根下地の野地板から垂木（ラフター）に向かって釘を打ちますが、少しずれています。下から見ていると感じが悪い状態です。安全側に考えて、細かめに打つため、釘が数本外れただけで、悪影響が出るわけではありませんが、見苦しく、現実に建築主は苦情を申し立てます。野地仕舞い完了後に下から確認する必要があります。

万一、ずれているなら、釘を抜き、打ちかえることです。屋根下葺き材のアスファルトルーフィングが施工されますと、後からでは対処できなくなります。釘を機械施工で打つため、釘の抜けた感覚がつかみにくいのです。またラフターは木材ですから反りが生じて、若干ですが、曲がります。墨だし位置からずれることもあります。稀な例ではありません。

ポイント ☞ 野地板～垂木の釘外れを確認

○ 管理のゆき届いた現場

上の例では、野地板～垂木で、外れた釘は１本もありません。気持ちの良い状態です。本来、釘は外れないのが当然のことです。

現場で打つ釘は極めて多数になります。手で１本ずつ打つことは仮止めだけで、残りは「鉄砲」と呼ばれる釘打ち機で施工します。現場では効率が求められますから、今では電動工具を使用しなければ、施工できない状態です。万一を考え釘は余分に打つ場合が多いです。

なお、屋根材を固定するための釘が、野地板の下から見えることがありますが、これは、釘が野地板の厚みを越えていますから、当然突き出る状態になり、問題ありません。

❏ **CHECK**

垂木の釘外れなし、ヨシッ！

013 断熱材の隙間はないか？

✕ 管理されていない現場

この隙間は
問題ないのかなー？
ロックウール
390

建物の外気に面するところにはすべて、隙間なく断熱材を施工します。隙間があれば、断熱の弱点となり、断熱低下はもとより、内部結露になります。断熱材の隙間は極力なくします。

隙間が生じやすいところは、下地補強したところ、コンセントなどの電気ボックスまわり、換気扇まわり、補強金物まわりなどの取り合い箇所です。取り合いは、時間をかけて注意して施工しないと、弱点になりかねません。

赤外線カメラで写すと断熱材の弱点箇所はよくわかり、施工管理不足が明白になります。我々の仕事は、将来にわたって残ります。リフォーム工事を行うと、新築当時の職人の人間性がわかります。誰が工事をしたかのデータは残っています。

ポイント ☞ 断熱材と石膏ボード密着で内部結露防御

○ 管理のゆき届いた現場

ロックウール（グラスウール）75㎜厚の断熱材が隙間なく施工されています。断熱材の端部に耳と呼ばれる部分があります。その耳が、木部に正面から、タッカー釘で固定されています。これが正しい施工方法です。

耳を木部の、横側から固定してはいけません。断熱材と石膏ボードの間に隙間が生じるからです。隙間は、結露発生の可能性がありますので、確認が必要です。小さな隙間でも、断熱の弱点となり、結露発生になります。その結露した水分は、構造体に悪さをします。断熱材と石膏ボードは密着させる方が良い施工です。

❏ **CHECK**

断熱材隙間なし、ヨシッ！

014 壁体内に結露は発生していないか？

✖ 管理されていない現場

築数年という比較的新しい住宅ですが、外壁北面に藻が発生しています。外壁の断熱材が内部結露により、湿気を含み、断熱性能が低下しているからです。外壁に入れる断熱材はロックウールやグラスウールで、毛細管現象により湿気を含むと、なかなか乾燥しません。昔の住宅と比較して、高気密・高断熱になった現在の住宅では、内部結露による被害発生は驚くべきものがあります。

室内の温度・湿度と外気の温度の３つの要素により、結露が発生しますが、内部結露は、気づきにくい状態になります。室内で大量の湿気が発散されると、壁体内にも浸入します。高気密の壁体内は、外気の温度により、結露が繰り返し発生し、極めて速く、腐りが生じます。白蟻の被害の可能性も高まります。

ポイント ☞ 壁体内の空気の流れを確認

○ 管理のゆき届いた現場

「壁体内換気」というシステムです。外壁に取り付ける断熱材の外側に通気層を設けています。暖められた空気は上昇するという自然の法則に従い、空気の流れをつくります。これにより、結露の湿気は徐々に排出されます。毎秒 10 ～ 40㎝ 程度の緩やかな空気の流れですが、湿気は確実に減少する優れものです。

生活する上で、室内に湿気は必ず発生しますから、若干は壁体内に浸入します。壁体内換気は、建物の耐久性アップに貢献します。

空気を滞留させると、建物の維持管理に悪影響を及ぼします。耐久性確保のため、常に壁体内の空気の流れを考えなければなりません。

❑ **CHECK**

壁体内の空気の流れ、ヨシッ！

015 バルコニーサッシ取合いの防水施工は大丈夫か？

✕ 管理されていない現場

プランにより、サッシとサッシや手すりが干渉する時があります。取合いの施工が難しく、防水工事および仕上げ工事がうまくいきません。サッシ幅を狭くして、特寸サッシに加工する方法もあります。

現場で納めていくことになりますが、現実に現場で施工する大工も悩みながら、最善をつくします。現場で悩まなければ納まらないものは、何らかの問題点が内在しています。将来に弱点となって露呈してくる場合も多いのです。具体的には、雨漏りの可能性です。

職人も好き好んで雨漏りする家をつくるつもりはありませんが、施工手間が大幅にかかる場合には、適当に納めてしまいます。事前に図面段階で、予想して、職人と納まりを検討すると、職人も納得して、頑張って仕事をしてくれます。

ポイント ☞ バルコニーサッシ回りは単純な納まりに

○ 管理のゆき届いた現場

特別に問題点のない部位については職人にお任せでかまいません。バルコニーに掃き出しサッシがつくだけで、干渉するものがないのですから、通常の仕事をすれば、雨漏りなどの問題は発生しません。

このような無難な設計の場合、施工上の問題が起らず、工事担当者も、職人も、メンテナンスも楽です。建築主もコストがかからず、ストレスもありません。

どういうわけか、変わった納まりを無理に採用したがる設計者がいます。無難な納まりではおもしろくないのです。主役である建築主を差し置いて、主張して、建築主を納得させてしまいます。

❑ **CHECK**

サッシ回りの問題点なし、ヨシッ！

016 バルコニー手すりの防水は大丈夫か？

✖ 管理されていない現場

バルコニーがあれば、雨仕舞いの点で注意すべきところが格段に増えます。それだけ危険という認識をする必要があります。手すり壁の笠木に段差がある場合は特に要注意です。段のついているところの防水処理がうまくいきません。

アスファルトフェルトや透湿防水紙だけでは、うまく張れないのです。カッターナイフで切って折り曲げることになり、ピンホールができた状態になります。もっとも水を呼びやすいコーナー部分に穴があいていることになります。シーリングを施工しても、耐久性からいって、いずれは雨漏りすることになります。

手すりの入隅コーナー部分には、防水の重点管理が必要です。樹脂製の役物が必要なのです。

ポイント ☞ 手すりコーナー部の納めは樹脂で

○ 管理のゆき届いた現場

バルコニー手すりの笠木と、本体壁の取り合いも難しいところです。防水紙だけでは、うまく施工できません。

バルコニー手すりコーナー部に樹脂製部品を施工しておけば、ここから雨漏りすることはありません。入隅コーナー部分にはこのような穴をあけない工夫が必要です。様々な箇所で応用可能です。現場で応用して、うまく納めたときは技術屋としての喜びです。

ただし、雨漏りしないのが当たり前であり、評価されることはありません。雨漏りしたら、何を管理していたのかと、ボロカスに叱られます。現場監督はつらい立場なのです。

❑ **CHECK**

手すりのコーナー施工、ヨシッ！

017 バルコニードレン回りの防水はできているか？

✖ 管理されていない現場

昔のバルコニーのドレン回りは、金属製の排水ドレン部材を取り付けていました。これが標準仕様でしたが、防水材と一体化にはなりません。

現場施工による品質のバラツキもあり、期間が経過すると、雨漏りの可能性があります。必ず漏れるわけではありませんが、心配な部位といえます。

水勾配が緩く、水の流れが悪くて、水が溜まる場合もあります。落ち葉が積もり、苔・草が生えていることもあります。入居者の維持管理にもよりますが、バルコニーが管理されない場合には、大問題となる可能性があります。建物の耐久性に影響がありますので、メンテナンスする立場として、入居者が納得する説明が必要です。

ポイント ☞ バルコニー排水ドレンの一体化施工

○ 管理のゆき届いた現場

ドレンが詰まらないように
管理してくださいよ。
なるほど、
気をつけます。

バルコニーの横引き排水ドレンが、防水と一体化された部材を使用したものです。ドレン回りは漏れやすく、施工のていねいさが求められる部位ですが、一体化された部材なら安心です。その上には小さなオーバーフロー管が施工されています。万一、排水ドレンが落ち葉などにより詰まったときのためです。安全装置となります。

雨仕舞い対策の防水については 10 年以上の長期にわたり、保証が必要です。バルコニーの現場施工は職人によるバラツキなく施工される必要がありますので、一体化された部材はシステムとして評価できます。

❏ **CHECK**

バルコニー排水ドレン施工、ヨシッ！

018 サッシ下端の防水は適正か？

✖ 管理されていない現場

ウワッ！　下屋が上がって、サッシの下端がヤバイ！
シーリングを入念にしておきます。

サッシの下端は、雨漏りに注意が必要です。サッシの下端と、下屋やバルコニー床との寸法が、充分でない場合には雨漏りの可能性が高まります。最低でも100㎜以上、できれば200㎜欲しいところです。寸法が少なければ、適正な仕事がやりにくくなります。

また隙間をシーリング材で埋めることになりますが、シーリング材は劣化が始まり、耐久性は10年前後です。最長でも15年以上に延期してはなりません。これはシーリング材が適正な条件で施工された場合の話です。

シーリングの幅・深さ・プライマー処理などの条件によります。メンテナンスを適正に行わないと、いずれは劣化して雨漏りになります。サッシ下端の寸法確保を確認します。

ポイント ☞ サッシ下端の防水確保

○ 管理のゆき届いた現場

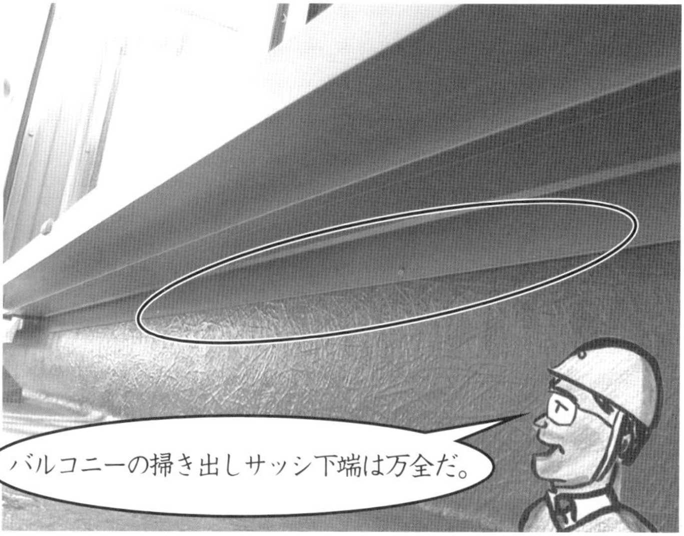

バルコニーのFRP防水を先行し、その後にサッシを取り付けています。防水には水の流れを考慮した施工の順番があります。

逆にしますと、せっかく出した、雨水を再び浸入させることになりますので、順番には注意します。サッシ下端とバルコニー床の寸法も十分に確保できており、正しい手順です。

サッシ下端の固定用釘を打ち付けていますが、防水に穴をあけるということで、防水メーカーに嫌われます。サッシメーカーは固定するように要求します。固定する場合には、捨てシーリングを施工してから釘を打つなどの釘穴シール性の配慮が必要です。

❑ **CHECK**

サッシ下端の防水納め、ヨシッ！

019 配管回りの防水は大丈夫か？

✖ 管理されていない現場

外壁を貫通する電気・給排水・ガスなどの設備配管ですが、外壁に穴を開けることになります。つまり雨漏りの可能性が高くなります。外壁面だけでは、雨漏りはないのですが、何かを取り付けたり、穴を開けると、雨漏りの可能性が高まります。

外壁下葺き材である、透湿防水紙やアスファルトフェルトにより、外壁面は防水できますが、配管との取り合いは弱点になります。防水紙だけでは、立体的な防水が困難ですから、雨量と風向きにより、よく雨漏りします。シーリング材だけでは耐久性の点で不充分といえます。アール状に丸く施工可能な防水テープが必要です。

建物の基本性能である、雨仕舞いに対して、充分な時間をかけた配慮が必要です。

ポイント ☞ 配管回りは防水テープで処理

○ 管理のゆき届いた現場

配管の防水処理は、ハイパーフラッシュでよし。

外壁下葺き材である透湿防水紙と電気配線の取り合いです。「ハイパーフラッシュ」と呼ばれる、アール状に丸く施工可能な防水テープで、立体的に防水しています。通称、伸び伸びテープです。

防水テープを、配管材と透湿防水紙の両方にかけて施工しています。これにより、雨漏りの可能性が大きく低減します。外壁サイディング取り合いはシーリング処理になりますが、現在ではほぼ標準仕様となった外壁通気工法を採用すると、配管回りについては、ほぼ完璧な防水と考えてよいでしょう。外壁通気工法により、万一、入った水も速やかに排出しますから、建物にダメージを与えません。

❑ **CHECK**

配管回り防水テープ確認、ヨシッ！

020 石膏ボードのビスピッチはきれいに揃っているか？

✖ 管理されていない現場

耐火性能の関係で、住宅では、天井・壁に石膏ボードを張ります。石膏ボードは金額も比較的安く、性能も良いことから住宅現場では多用されます。固定するのはステンレス釘またはメッキ処理されたビスです。仕上げのクロスに錆が出ては困りますので、鉄釘は不可です。

通常はビスで機械打ち施工します。ビスピッチは住宅会社により、指定されています。天井石膏ボード周辺部は@ 100㎜、中央部 200㎜、壁石膏ボード周辺部は@ 150㎜、中央部200㎜などと決まっています。ビスラインが歪み、下地が外れる場合や、ビスピッチがバラバラでは、不可です。

石膏ボードを固定するビスの下地は、2 × 4 材では 38㎜ しかありません。石膏ボードのジョイント部分では、端にビスを打つと割れるので、中へ入れますと、余裕がありません。したがって、ラインが垂直でないと、下地にかかっていない可能性があります。

ポイント ☞ 石膏ボードのビスピッチは仕様どおりに

○ 管理のゆき届いた現場

造作完了時（大工作業終了）に、検査をして、石膏ボードのビスがきれいな状態で施工完了しておれば、気持ちのよいものです。他の面でも、うまく納めていることでしょう。決められた仕様を守れないということは、他にも不満足な点があるハズです。

ビス打ち作業は大工仕事の中では、比較的簡単な仕事ということで、おろそかになりがちです。また大工ではなく、石膏ボード専門業者が入ることもあります。

耐火性能の点で、現場でビスピッチを勝手に粗くしてはいけません。各住宅会社ごとに、認定上決められています。またビスの長さも石膏ボード厚みによって変わります。25 〜 42mm の長さの、規定のビスを使用します。

❏ **CHECK**

石膏ボードのビスピッチ確認、ヨシッ！

021 サッシのガラスは結露しにくいものになっているか？

✖ 管理されていない現場

サッシのガラスがペアーガラスになっていたならば、写真のような凄い結露は少なくなります。ペアーガラスにしても、結露がなくなるわけではありません。外気の温度と、室内の温度・湿度の条件によっては結露が発生します。

ペアーガラスにすれば、結露が発生しないものだと思い込んでいる建築主もいますから、建築主に対する説明に注意します。

最近は、ペアーガラスが一般的です。数年前までは単板ガラスが大半でした。外国では昔から、ペアーガラスが使用されていました。ようやく世界水準になったという感じです。それでもガラス以外のアルミ枠は結露します。枠にも結露発生が少なくなる工夫がされています。結露は、温度差があれば発生する可能性があります。

ポイント サッシはペアーガラスで結露を低減

○ 管理のゆき届いた現場

このペアーガラスなら、
結露は大丈夫そうだ。
ええ、
わかっています。
ただ、
住まい方にも
配慮して
くださいよ。

サッシがペアーガラスになっています。中の密閉空気層が12㎜（写真）と6㎜があります。性能は当然12㎜の方が良いです。

冬場に結露が発生しないのは、気持ちのよいものです。結露の水が垂れて、サッシ枠から壁体内に浸入しないため、建物の耐久性にもよい条件となります。防音にもプラスです。

ただし、建築主の住まい方として、室内で水蒸気を多く発生させるような、開放型暖房器具の使用、多数の観葉植物や熱帯魚の飼育、洗濯物の室内干しなどは、好ましくありません。適切なアドバイスも必要です。24時間換気がされているならば、問題はありません。

❑ **CHECK**

単板ガラスのところはなし、ヨシッ！

022 外壁に通気層はあるのか？

✖ 管理されていない現場

外壁が左官仕上げの場合には、下葺き材である、アスファルトフェルトの上に金網のラスを張り、直にモルタル下こすりを施工する場合が大半です。つまり外壁に通気層がありません。左官仕上げの場合でも通気層を確保することは可能ですが、コストアップなどにより、通気を確保しない場合が多いのです。建物の耐久性の観点からは大きくマイナスになります。

コストダウン以上に、仕様ダウン・性能ダウンとなっています。通気層により、雨漏り・結露などの劣化を防ぐことが可能です。建物に通気・換気は重要です。将来にわたって、末永く居住するにもかかわらず、目先のことで、仕様が決定されており、技術屋として残念です。

ポイント ☞ 外壁の通気層を確保

○ 管理のゆき届いた現場

その点、サイディングの場合には、通気層を確保することが標準仕様となっています。サイディングメーカーの主導です。コストは上がり、メーカー側にとってもプラスですが、それ以上に建物の耐久性アップというメリットがつき、建築主には、さらにプラスです。

雨水はサイディング材の裏側、つまり下葺き材である透湿防水紙の上にも若干ですが、回りこみます。

サイディング材（1次防水）のみで、雨水のすべてを、シャットアウトできません。下葺き材を2次防水と考えています。2次防水を破られると雨漏りになります。

❏ **CHECK**

外壁の通気層確認、ヨシッ！

023 小屋裏の換気はできているか？

✖ 管理されていない現場

勾配天井で換気トップを取っていない屋根の例です。

小屋裏内部の結露状況です。原因は小屋裏の換気不足です。水滴が垂れています。

【各種のトラブル】
- ◆石膏ボードのカビ
- ◆金物類の錆び
- ◆構造体の腐り
- ◆木材暴れのために生じる天井クラック

天井が勾配天井で、換気トップを取っていないために、小屋裏の換気が悪く、結露が生じています。軒裏換気口もなく、棟換気がないために、屋根温度と小屋裏温度の差により、結露現象になっています。無理な設計といえます。小屋裏には、換気をとることが大原則であり、空気の流れを考えて設計する必要があります。

自然換気が無理な場合には、換気扇などの機械設備を配慮する必要があります。アクティブシステムです。木質系建物で、結露は雨漏りとともに、建物の耐久性を著しく低下させます。

ポイント ☞ **小屋裏は換気をとることが大原則**

Q

品質管理

○ 管理のゆき届いた現場

換気トップの断面写真です。屋根の最高部に換気口を取り付けるわけですから、最も性能のよい自然換気になります。熱せられた空気は軽く、自然のエネルギーで外部に抜けていきます。

パッシブシステムといわれます。当然、雨漏りしないことが条件です。したがって、雨が浸入せずに、換気するために、複雑な形状になっています。鳥が巣をつくっても駄目です。

台風などの場合には、換気と雨漏りは、相反する要求になります。極めて強い台風の場合には、雨漏りの点検も必要です。幾多の改良を加えられた結果、このような形状になっています。

❑ **CHECK**

小屋裏の換気と雨仕舞い、ヨシッ！

024 屋根下葺き材は増し張り施工されているか？

✖ 管理されていない現場

屋根の下葺き材の施工は雨仕舞い対策として重要です。棟・隅棟・谷・本体と下屋取合い・天窓回りなどの雨漏りの可能性の高い部位については、増し張り施工を行います。重点的施工のレベルアップを図るわけです。

建物において、雨漏りはあってはならないことですが、決して稀な例ではありません。増し張り施工がなく、通常の下葺き材を１重に張るだけでは不十分です。つまり、１次防水としての屋根仕上げ材により、雨水の大半を処理しますが、若干は、下葺き材の上にも雨水が流れます。これが２次防水です。下葺き材の上にも、雨水は流れているという概念が重要です。そのつもりで、下葺き材をていねいに施工しなければなりません。

ポイント ☞ 下葺き材の増し張りで雨漏りにも万全

○ 管理のゆき届いた現場

下葺き材増し張り施工
はOKだな。
ハイッ、ちゃんと
やっていますよ。

本体と下屋取合いは、雨漏り対策として重要箇所です。下葺き材であるアスファルトルーフィングの、十分な立上りと、250㎜の高さの増し張りが必要です。隅棟にも増し張り施工されています。

このような配慮があれば、雨漏りに対する安心はかなり高まります。重点箇所に集中的にていねいな施工を行います。

自分が担当する現場で、雨漏りが発生することは技術屋としての恥となりますから、慎重に現場管理を行います。

職人には、雨漏りの可能性が高い部位はわかっています。現場で、コミュニケーションをとり、注意すれば、技術屋ならわかります。

❏ **CHECK**

下葺き材増し張り施工確認、ヨシッ！

025 外壁下葺き材はきっちり施工されているか？

✖ 管理されていない現場

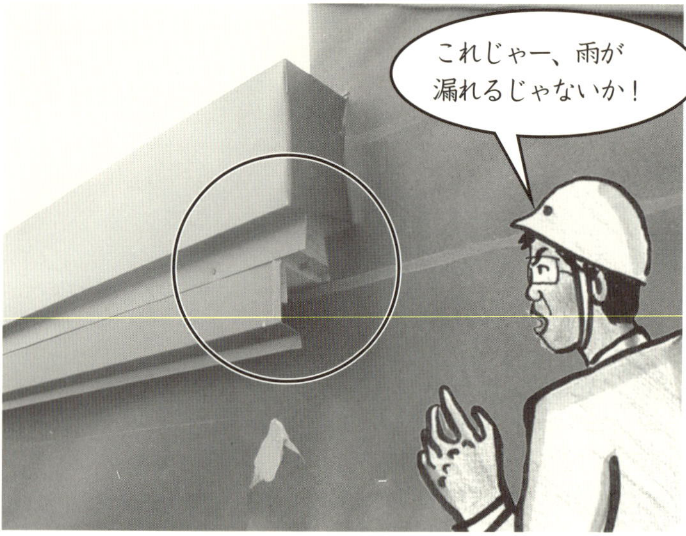

外壁の下葺き材として、アスファルトフェルトや透湿防水紙を使用します。雨仕舞い対策上、隙間なく施工する必要があります。どうしても、隙間ができる箇所もあります。入隅部分や取合い部分などです。1枚の下葺き材だけではうまく施工できないところです。その場合には、防水テープや下葺き材を増しばりして、捨てシーリングを施工して、納めます。

とにかく目視して、隙間が生じているもの、つまり木部が見えているものは間違いなく雨漏りします。下葺き材を施工した時点で、散水試験を行ない、雨漏りするのは不可です。この段階できっちりと仕事を確認しなければなりません。あせって、次の工程に進んではいけません。

ポイント ☞ 外壁の下葺き材の隙間は不可

○ 管理のゆき届いた現場

捨てフェルトがきっちりとできているな。ヨシッ！

サッシの下部に捨てフェルトを施工している例です。サッシを取り付ける時点で、捨てフェルトを先行施工します。その後で、外壁下葺き材を、下から差し込むように施工します。このように施工すれば、雨水が浸入しても、水は自然の法則に従って流れ、排出されます。雨水が速やかに排出されれば、大きな問題にはなりません。

外壁は「通気工法」が採用されており、サイディング材の内側になる通気層にも、若干の雨水や結露水は流れます。したがって、下葺き材の施工は、雨仕舞い対策として、極めて重要です。捨てフェルトが施工されていると、安心度が大幅にアップします。

❏ **CHECK**

下葺き材隙間なし、ヨシッ！

026 VOC対策のF☆☆☆☆材料を使用しているか？

✖ 管理されていない現場

何か、接着剤の匂いがきついわね。
そうだな。目が痛くなるよね。

「シックハウス症候群」というものがあります。人により、目まい・嘔吐・発疹などの可能性があります。使用される建築材料に含まれる「VOC」つまり揮発性有機化合物が原因です。具体的には、ホルムアルデヒドやアセトアルデヒドなどが微量ですが含まれていると、可能性があります。個人差が大きいですが、敏感な方にとっては大問題となります。

合板・接着剤・クロスなどに対して、F☆☆☆☆（フォースター）表示のある材料を使用します。市販品の材料ではVOC対策で最高級ですがゼロではありません。通常ではこれ以上の対処のしようがありません。床養生材にも注意を払います。工事完了後、養生材を外しても、フロアーに、VOCが移っている場合もあります。

ポイント ☞ F☆☆☆☆表示材料の使用で安心

○ 管理のゆき届いた現場

アッ、これがフォースターといっていたものね。
そうなんです。これです。
390

断熱材ロックウールのF☆☆☆☆表示です。使用する建築材料には配慮が必要です。国産品は表示が明確ですが、外国製の材料を使用する場合は、基準が異なり曖昧です。

ホルムアルデヒドは、入居後に搬入する家具や煙草の煙、自動車の排気ガスにも含まれます。いずれの場合にもゼロにはなりません。計測すると、季節により、データーも異なります。冬場は合格しても、次の夏に再度計ると不合格という場合もあります。

とりあえず、F☆☆☆☆表示の確認が必要です。竣工後は24時間換気を作動させて、長時間経過してから、お引き渡ししたいものです。

❑ **CHECK**

フォースター確認、ヨシッ！

027　２階トイレにゴボゴボ音はしないか？

✖ 管理されていない現場

お客様の前で、
トイレのゴボゴボ音は
格好悪いな。

２階トイレの水を流すときに、「ゴボゴボ」音がすることがあります。２階トイレの配管に通気管を取り付ければ、この音の発生は止まります。

通気管を取り付けたからといって、その効果が評価されるわけでもなく、コストダウンの対象になりやすいのですが、取り付けなくて、後からクレームになることがあります。後からの通気管取り付け施工は大変です。

コストダウン以上に仕様ダウンとなります。ぜひ最初から計画の中に入れておくべきものです。最初から図面通りの仕事は順調に進みます。途中から変更した内容はうまくいかない場合があります。技術屋は設備の常識を勉強しておく必要があります。

ポイント ☞ 通気管の取り付けでゴボゴボ音解消

○ 管理のゆき届いた現場

アッ、
これが通気管ですね。
そうです。
効果があり
ますよ。

2階トイレ排水管の中に、圧力の関係で、空気溜まりができます。排水管に排水が流れるときに、排水が鉄砲水のように、空気を一気に押し出し、途中の洗面や台所の排水口トラップの水を激しく動かします。また、排水の流れた直後の排水空間の気圧が下がっても、排水口トラップの水を激しく動かします。

住宅では余り目立たないように、トイレ室内壁に埋設して、点検口を取り付けることが多いです。負圧になったときに、空気を供給し、かつ排水の嫌な匂いの出ない優れものです。通気管を取り付ければ、ゴボゴボ音は解消します。

❑ **CHECK**

通気管の取り付け確認、ヨシッ！

028 着工後の変更で、現場が混乱していないか？

✖ 管理されていない現場

この照明をやめて、窓際にずらそうかしら。
エッ、また変更ですか。
・・・・

工事が着工した後で、建築主の気持ちが変わって、変更する場合があります。最も多い変更希望が、電気関係です。

コンセントの追加、スイッチの移動などです。電話やインターネットも気になります。家具の配置を考えると、移動したくなります。

ただし、多数の職種、多数の職人という、下請けシステムの中、現場用の図面が、各職人に渡った後、現場での変更管理は大変な作業になります。末端職人まで、変更を的確に伝達するのは大変です。

誰かが、間違えるとやり直しになり、トラブルの元になります。したがって、着工前の図面段階で、入居後の生活を想像して、工事途中の変更が生じないように、検討する必要があります。

現場で職人は、変更を嫌います。過去に多数のトラブルを経験して、やり直しているからです。現場がうまく進行することは、建築主・建築会社・職人のすべてが望むところです。

ポイント ☞ 打合せの充実による変更なし体制

○ 管理のゆき届いた現場

予定どおりの
位置ですね。
そうです。
予定どおりです。

造作完了（大工作業終了）状態です。

石膏ボードを張り終わってから、ボードを外して、電気配線を移動するのは大変です。

そのような現場にならないように、工事担当者は配慮しなければなりません。

着工前の打合せの時間を充実することにより、納得してから着工することが原則です。打合せのレベルが低いと、現場で変更が生じる可能性があります。

工事中に、打合せしながら、適当に決めていくやり方は、問題を引き起こします。段取り８分に仕事２分です。打合せが充分ですと、それだけで、仕事がスムーズに進行します。

仕事であって、芸術作品をつくるわけではありませんので、予定通りが、必要かつ十分な条件となります。

❏ **CHECK**

事前打合せにより、変更ナシッ！

029 VOC対策としての24時間換気は可能か？

× 管理されていない現場

換気扇がないから、
接着剤の匂いが消えないよ。

住宅の建築材料は、通常F☆☆☆☆（フォースター）と呼ばれる材料を使用します。揮発性有機化合物（VOC）のホルムアルデヒドなどの含有量が少ない材料という意味です。ゼロではありませんが、市販されている建築材料では最高級品となります。断熱材・合板類・接着剤など、すべてF☆☆☆☆を使用します。シックハウス症候群を避けるためです。

人によりますが、敏感な方では、頭痛・めまい・嘔吐などの原因となります。したがって、建物竣工後も、引渡しまでの期間は、24時間換気をつけっ放して、少しでもVOC対策を講じます。居室には24時間換気の取り付けが義務付けられています。窓の開閉や隙間換気ではなく、計画換気が必要です。

ポイント ☞ 24時間換気の設置は義務

○ 管理のゆき届いた現場

…ということで、24時間換気のスイッチは切らないでください。
はい、よくわかりました。

24時間換気の室内側
台風時には開閉スイッチを閉にしないと雨水が浸入しますので、注意が必要です。

24時間換気の外部側
基準では居室全部、かなりの数量を取り付けます。

新築住宅では、すべての居室に24時間換気の設置が義務付けられています。スイッチを切ることができるようになっている場合が多いのですが、建物引渡し時点で、建築主には、スイッチを切らないようにと説明します。居住する上での、必要な換気量を常時確保するためです。冬場には、せっかく暖まった空気の熱量を、逃がしてもったいないという考え方があり、つい切りがちになりますので、説明が必要です。

設備は正しい使い方をしなければ、効果が期待できません。昔と比較して、基準は厳しくなっています。

❑ **CHECK**

24時間換気の作動、ヨシッ！

030 床は滑らないか？

✖ 管理されていない現場

建物のアプローチ部分に赤御影石の本磨きを張りました。高級な仕様です。見た目には美しい仕上げですが、雨の日に、歩きますと、滑って転んで痛い目にあうことになります。第一に、恐ろしくて歩けません。水磨き以下の粗面仕上げにするべきです。

お年寄りが滑って、転んで、骨折して、寝たきりになるかもしれません。家庭内でおきる災害の可能性は、プロとして、排除しなければなりません。結果的には、写真のように、本磨きの上から、ノンスリップ用に、ざらざらのテープを張りました。これで、滑りはマシになりましたが、格好のよいものではありません。当初の設計意図とは違う結果になりました。生活する上では、デザインよりも安全の方が、優先順位が高いという証明になりました。

ポイント 水のかかるところは滑らない仕上げに

○ 管理のゆき届いた現場

ポーチ部分には、ザラザラのタイル、アプローチ部分には、滑らない、左官の洗い出し仕上げになっています。雨のかかるところには、滑りに注意しなければなりません。室内でもフロの土間は水がかかりますので、仕上げに要注意です。

住宅内でおこる災害に、滑って転倒する可能性が、まず一番にあげられます。住宅内災害を防止するために、設計者の配慮、インテリアコーディネーターの色決めの配慮、現場施工の配慮などが必要です。気づくことのできる感受性が技術屋には必要です。生活を考えて、各種の提案ができる人が、望まれます。

❏ **CHECK**

アプローチ仕上げの滑り、ヨシッ！

031 エフロレッセンス（白華）はおこっていないか？

✖ 管理されていない現場

階段タイルに白い粉が見えます。工事中にはわかりませんが、時間の経過とともに、白華現象が出現します。階段の内部に、水がまわっている証拠です。

右の写真は、門柱に出た白華現象です。門柱の上部から水が浸入した結果です。防水がしっかりできておれば、このようなことはおこりません。正面の門柱が見苦しい状態になっています。

コンクリート・モルタル・タイルなどの材料に含まれる水酸化カルシウム（アルカリ性）が、水のあるところで、空気中の炭酸ガスと反応して、炭酸カルシウム（中性）という白い粉になったものです。この白い粉がエフロレッセンスです。

$$Ca(OH)_2 + CO_2 \Rightarrow CaCO_3 + H_2O$$

アルカリ性のコンクリートが年月の経過とともに、中性化する現象と同じ理論で、劣化現象の１つといえます。コンクリート擁壁など、土留め部分には、水と接するところですから、白華の可能性が高いものです。防止策は水がまわらないように防水をすることです。

ポイント ☞ 白華防止のため、水の浸入注意

○ 管理のゆき届いた現場

花崗岩の赤御影石が張ってあります。高級な仕上げということになります。エフロレッセンスは、年月が経っていても、全く出ていません。正常な状態です。

エフロレッセンス現象が出るかどうかは、現場の水はけによって、粘性土・砂質土などの土質による影響がでます。材料の成分から、水酸化カルシウムは当然含まれます。空気中の炭酸ガスとは接します。したがって、裏側から水が浸入しないように、施工上の配慮が必要となります。地面の下は、見えないところの話ですから、管理しにくいところです。プロが配慮する必要があります。

❑ **CHECK**

水の浸入なし、ヨシッ！

コラム 1

悪魔の証明

例えば「北海道に白蟻はいる」ということを証明するとしたら、北海道で白蟻を一匹捕まえて来ればよいが、「北海道に白蟻はいない」ということの証明は、北海道全土を探査しなくてはならないので、非常に困難、事実上不可能であるというような場合、これを悪魔の証明といいます。

建設業界では、ほとんどの会社で、品質を保証します。雨が漏れないことを保証します。ここが漏れなくても、あそこが漏れるのではないか、1時間散水試験をして漏れなくても、2時間散水すれば漏れるのではないかと次から次から証明できません。不同沈下しないことを保証します。床鳴りしないことを保証します。すべて、証明できないものを保証しています。

建設業界だけではなく、およそビジネスの世界では、証明できないものを保証することが求められます。証明のできないものを約束しなければなりません。それだけ、難しいことを、法令遵守の条件下で、感受性豊かに、慎重に、工事することになります。

第2章
コスト・工程管理

建築現場において、すべてに最高の予算をつけることはできません。優先順位をつけて、建築主が納得するまで打合せが必要です。建築時に、すべてをそろえる必要はありません。永い目で見て欲しいものです。

工程管理とは、契約工期にあわせて、余裕をもって現場を進行させます。竣工後、建築主立会いを行った上、２週間以上の換気を行って、引渡ししたいものです。工期の余裕がない場合は、安全・品質・コスト・人間関係・環境など、さまざまな点でも、悪影響をおよぼします。段取り８分に仕事２分ともいわれます。

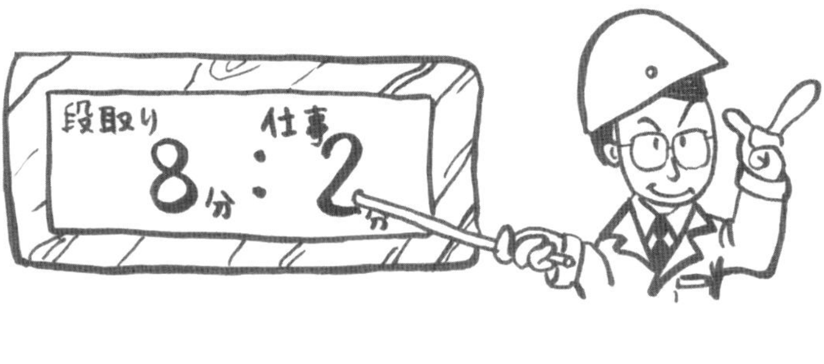

032 行ってはならないコストダウンをしていないか？

✖ 管理されていない現場

コストダウンという言葉が世の中に氾濫しています。建設時に、コストダウンを充分に考えて計画しなければならないのは当然です。

コストダウンには2種類あります。行ってもよいコストダウンと、行ってはならないか、または納得した上で行うコストダウンです。

行ってはならないコストダウンとは、将来必要になったときに、建物に影響することなく、追加できないものです。

例えば、外壁左官仕上げで通気層をとらない場合です。外壁に直接下葺き材を施工し、モルタルを施工します。施工工程の順番で、後から通気層を追加することができませんので、通気層なしで計画する場合には、建築主が内容を理解して、納得する必要があります。決定権は建築主にあります。

ポイント ☞ 性能ダウンにならないコストダウンを!

○ 管理のゆき届いた現場

窓のシャッターの有無は、枠が異なり、後から追加できません。建築の仕事は、施工工程の順番が重要です。雨仕舞いの点で、外壁下葺き材の取り合いから、外壁を外さないと施工できないからです。

外壁サイディングの通気層も、後からでは追加できません。通気層を外すことによるコストダウンは、コストダウン以上に仕様ダウン・性能ダウンとなりますから注意が必要です。

逆に、サッシの網戸や玄関タイルは後から追加できます。どこをコストダウンするかは、ざっくばらんに相談し、最初に決定しておかなければなりません。

❏ **CHECK**

仕様・性能ダウンになっていない、ヨシッ！

033 工程の進捗と支払い条件を把握しているか？

✖ 管理されていない現場

請求書だけ
一人前にくるけれど、
できていないじゃないか。
すぐにできますから、
とにかく先に支払って
くださいよ。

建設工事の請負契約において、工程の進捗に合わせて、支払いが発生します。契約時に双方合意の上で、決定した支払い条件を守る必要があります。契約金・着工金・上棟金・中間金などです。建築主は、これらの支払いを滞ることなく履行するのが本来です。最後の引渡し時点では最終金になります。契約金額から工事中に発生した追加金額などを含めた全額から、支払った額を差し引いた金額が最終金です。この最終金を受け取ることにより、建物の引渡しをすることになります。

建物だけ先に引渡し、お金は後回しというわけにはいきません。万一、不具合があれば、建物の引渡しを延期することもあります。ビジネスの世界ですから、明確にしなければなりません。

○ 管理のゆき届いた現場

いよいよ引渡しですね。
楽しみにしているんですよ。
いま社内竣工検査を終わりました。来週最終立会い願います。

建築主は、引渡し検査に立会い、問題点を指摘し、品質面などを確認します。現実に住んでみないとわからないのも事実です。住んでから気づくこともあります。通常の建築会社は、あとから発生した問題も誠意をもって解決にあたります。

建築主が、検査立会い時に指摘しなかったから知りませんという建築会社は許されません。そのような業者はとうの昔に淘汰されているはずです。

現場を担当する者としては残工事や不具合い箇所を早期に完了し、建築主の確認を受けます。

❏ **CHECK**

工程進捗と支払い条件の把握、ヨシッ！

034 建築主に別途工事の確認はできているか？

✖ 管理されていない現場

そんな、今頃になって
何が追加よ！
聞いてないわよ。
遅くなってすいません。

契約後に、別途工事だと言われると、建築主は慌てます。当然、契約に含まれていると思っていたことが、別途工事として、追加請求されると感じが悪いものです。別途工事といっても、施工しなくてもよいものではなく、施工しなければならないものですが、便宜上、契約に含まないというものです。また契約後でないと見積もりがはっきりしないものもあります。

基礎補強工事などは、契約後にはじめて地盤調査を行いますから、見積もりの出しようがありません。

したがって、契約に含むものと含まないものを、明確に区別する必要があります。曖昧な表現では不可です。別途工事の場合には、概算金額と予告して、支払時期を明確にしておくべきです。

ポイント ☞ 別途工事の見積もりは事前の念押し

○ 管理のゆき届いた現場

着工打合せや、現場立会い時などに、別途工事の話題を持ち出して、何度も確認します。後からではなく、事前に説明が必要です。

本来は契約前に営業が説明しておくべきものですが、工事に引き継いでもさらに、現場側から念押しの説明をしておきます。

建築主・建築会社双方が、食い違いのないようにします。

主な別途工事の例は、水道分担金・本管回り、基礎補強工事、ガス工事、照明器具、アンテナ工事、カーテン・家具、登記費用などです。

概算金額を明示しておくのが一般的です。

❑ **CHECK**

別途工事の漏れなし、ヨシッ！

035 材料のムダはないか？

✕ 管理されていない現場

マー　もったいない、まだ使えるのに。
これも請求されるんだよね。

建築現場では、敷地の大きさによりますが、パレットを置いて、廃棄物を分別して集積します。その際、廃棄物をなるべく減らして、建築材料として、効率よく使用したいものです。

大きな材料を廃棄物扱いで捨てるのは、もったいないです。建築主の立場からすると、お金を出しているのに、ムダ使いされているようで、良い気分ではありません。現場の建築材料は建築主の所有物という認識が不足しています。

本音としては、金返せと思うかもしれません。建築材料を職人がていねいに大切に扱うと、建築主にも心が伝わります。心のはいらない仕事は仕事ではなく、単なる作業です。作業になると、現場はうまくいきません。トラブルに発展する可能性が高くなります。

ポイント ☞ 余る材料は持ち込まない、廃棄物は分別

○ 管理のゆき届いた現場

廃棄物を分別して、袋別に入れています。廃棄物の管理の誠意が伝わります。現場では廃棄物は少ないほど優秀な現場といえます。

可能な限り、工場でプレカットして、現場には廃棄物を持ち込まない姿勢が大切です。工場で発生する廃棄物は、さらに小さな材料として使用可能です。現場では使用できずに、廃棄物になります。余る材料は持ち込まない、余った材料は持ち帰り、次の現場で使用することが、環境に優しい施工といえます。

材料の廃棄物をみると、現場の管理レベルがわかります。職人の人間性がわかります。

❑ **CHECK**

材料のムダはなし、廃棄物の分別、ヨシッ！

036 作業開始時間の管理は万全か？

✖ 管理されていない現場

朝早くからうるさいですわねー。
そうよねー、まだ7時過ぎですもの。

住宅現場では通常、午前8:00に作業を開始します。それより早いと近隣に迷惑をかけます。回りに何もないところは別として、街中で工事する場合には8:00～18:00ごろが一般的な作業時間です。労務管理から考えると、昼の休憩その他で、8時間労働ですと、終了時間が少し早い場合もあります。

職人の仕事が日当制と請取り制で、時間はかわります。工期の関係で、遅くまで作業する場合でも、音のしない作業や段取りをするなどの配慮は求められます。近隣関係は建築主が長期に渡って、住む場合に重要な要素ですから、工事期間中の迷惑はなるべく減らす必要があります。駐車・音・振動・ほこり・ゴミなど多少の迷惑はかけますので、配慮しなければなりません。

ポイント ☞ 作業開始時刻 8:00 の厳守

○ 管理のゆき届いた現場

材料搬入や大型重機搬入時は、特に注意しなければなりません。通学路などで工事する場合には、そのような時だけでも、ガードマンが必要となることもあります。

大型材料搬入のトラックは、現実には夜に走行することが多く、早朝に到着して、近隣で待機し、午前 8:00 に現場に到着します。それから荷下ろしを行います。

時には運転手の都合で、早朝に材料を無理矢理搬入して、近隣からクレームになることがあります。作業開始 8:00 という時間を厳守することは、現場のマナーです。

❑ **CHECK**

現場搬入時刻 8:00、ヨシッ！

037 現場搬入前にプレカットしているか？

✕ 管理されていない現場

材料の手配ばかりで、ちっとも進まないよね。
まー　職人さんの段取りがあるんだろう。

建築現場において、現場作業をゼロにすることはできませんが、できるだけ、現場搬入前に工場で加工してくる、プレカット方式が望ましいといえます。現場で材料の加工を行いますと、現場の工期・安全・品質・環境などに悪影響を与えます。

現場作業を減らすことにより、現場での工期短縮になります。品質も職人によりバラツクことなく確保できます。安全も確保できます。現場の廃棄物が減ることにより、環境にも役立ちます。

コストは上昇する場合もあり、微妙なところです。現場を「舞台」と考えるならば、舞台裏は建築主に見せない方がきれいです。表舞台を、いつでも見せることができるきれいな状態に整理・整頓するべきものです。

ポイント ☞ プレカット化の推進

○ 管理のゆき届いた現場

プレカットしてくるから、
早くできるよ。
雨対策にもいいよね。

最近では、各建築会社ともプレカット方式が進み、構造体は元より、小屋組み・野地板・軒天材・外壁材などもプレカットして現場搬入することが多くなりました。

現場で職人が加工するよりも、平均点は上です。CADを利用した機械加工・常時その作業を行う工場労働者が、決められた通りの作業を行うほうが確実です。現場では、取り付け作業のみを職人が施工する方が早く、そしてスマートに見えます。

ただ現場で、微妙な寸法調整はできにくくなっており、事前にプレカットで搬入されるための打合せが必要です。

❑ **CHECK**

プレカットによる工期短縮、ヨシッ！

038 材料の手待ちはないか？

✖ 管理されていない現場

材料が入らないから、
手持ち無沙汰だねー。
一体どうなってるん
だろうね。

屋外単品受注請負生産をする、建築現場の特殊性により、建築材料がすぐに入らない場合があります。特に多品種少量の部材におこります。作業効率に影響します。

部材には、長さ・幅・高さの寸法はじめ、色・左右の勝手など、大変な数の品番が設定されています。すべての部材が予め在庫されているわけではなく、注文生産や取り寄せをします。倉庫に在庫するわけではなく、現場に直送しますから、すべての部材が漏れなく、ダブリなく、同時に現場に入ることの方が珍しいのです。

建築主にとっては自分の現場がすべてですから、材料の入荷が遅れるというような場合を想定しません。材料の調達期間を把握して、事前に段取りしなければなりません。

ポイント ☞ 現場材料の適正搬入

○ 管理のゆき届いた現場

ここは材料の段取りが早いから、もう終わりましたよ。
俺が段取りしてるんだから当然でしょう。

逆にかなり後で使う材料が、現場に多数入っているのも困ります。材料の移動だけでも大変です。その際に傷がつくこともあります。材料は必要なときの直前に入るのが理想ですが、便の都合で、少し早めでも同時に搬入する場合があります。

早すぎる材料は、現場の整理整頓とのバランスになります。材料が手待ちになると、職人の士気・効率に影響し、職人が不機嫌になっていきます。多く入りすぎていると、探す手間と、移動の手間で、文句をいいます。

職人が気持ちよく作業できる環境をつくることが必要です。

❏ **CHECK**

材料の手待ちなし、ヨシッ！

039 職人の確保はできているか？

✖ 管理されていない現場

ちっとも進まないけれど、大丈夫なんですね！
先週から、変わらないですね。
すいません。何とかしますから。

工期を守る上で、職人の確保が前提条件となります。建築業界では、工事の平準化が難しい場合があります。仕事量の確保を優先的に考えて、会社の決算期・建築主の入学時期などは繁忙期となり、繁忙期が終わると暇な時期になります。

民間会社ですから、仕事の繁忙期を基準に職人を確保しません。平均時期をベースに、繁忙期には残業に残業を重ねて無理をします。したがって、契約工期の設定を間違えると大変なことになります。

職人の施工能力と・会社の業績向上・建築主の意向などを総合的に判断して、契約工期を設定します。無理を通り越して、無茶な工期になってはいけません。逆に職人に仕事がなく、永く遊ぶのはもったいない話です。

ポイント ☞ 職人確保は工程遵守の必要条件

○ 管理のゆき届いた現場

思ったより
早く
出来上がり
ましたね。
きれいな家に
なって
よかったわ。
おかげさまで、
順調にいきました。

優秀な職人が、計画通り順番に入って、順調に工事が進行すると気持ちのよいものです。多くの応援の職人が、同時に入って突貫工事になると、余裕が感じられません。逆に、職人の入らないアキの日が目立つのも感心しません。

現場には、適度な進行が必要です。自然に、品質も安全も確保できます。どこか余裕が感じられ、安心できます。

建築業界では、優秀な職人でも、大事にされない雰囲気があります。現場では職人による作業が、必ず必要ですから、ギスギスした雰囲気は問題です。温かみのある現場は何となくわかるものです。

❑ **CHECK**

職人の段取りは大丈夫、ヨシッ！

040 約束の日に職人が入っているか？

✖ 管理されていない現場

せっかく見に来たんだが、
だれもいないな。
大工さんがいると聞いたが。

建築現場では、職人の入らない日があります。大工ではその現場を上棟する時には、応援の大工が入ります。上棟は少人数ではできないからです。逆に応援の大工が上棟する時には、応援に行かなければなりません。これで大工は貸し借りなしです。お金のやり取りではなく、働いた日数で清算します。

建築主にとっては、自分の家がすべてですから、応援に来てもらう分はよく、応援に行っている間は、工事がストップして、不安になります。したがって、あける日は建築主に説明を行い、納得してもらう必要があります。理由がわかれば別にどうという問題ではありません。他職種の職人が入れば安心します。平日に、誰も職人が入らないことが不安になります。

ポイント ☞ **工期際の魔術師は不可**

○ 管理のゆき届いた現場

ごくろうさまです。
大分進んできましたね！
はい、工程は順調ですよ。

数人の職人が入り、ヘルメットを着帽し、一生懸命に作業している姿をみると、建築主は工事が予定通り進捗していると安心します。

監督の段取りとして、大工の入らない日には、別の職種を入れるなども配慮の一つです。大工作業の途中に、入るべき職種は多いのです。他の職人がいない方が、効率よく作業を進めることができます。職人のアキを避ける配慮です。

契約工期内に完全竣工・引渡しができることを前提条件として、工程を進めますが、可能ならば、竣工〜引渡しの間で、充分な日数がある方が、建築主・工事関係者ともに安心できます。

❏ **CHECK**

工期の遅延なし、ヨシッ！

041 工程の進行予定は周知されているか？

✖ 管理されていない現場

建築主にとって、工程が見えないことは、不安となります。いつ工事が完了するのか、契約上は、観念的にわかっていますが、実感できません。工事関係者に聞けばよいのですが、億劫です。

工事担当者には、工程の進行予定も、説明責任があります。配慮をして納得してもらえれば、クレームはゼロにはなりませんが、確実に減少します。建物のハード面では各建築会社は、当然合格ラインに達しています。達していなければ、とうの昔に淘汰されているはずです。納得してもらう説明が課題です。

建築主の満足感は、工事関係者による、説明にかける量（時間）と質によります。建築主が納得すれば、問題はおこりません。過去の経験から、説明すべきことは何かを確認しながら進めます。

ポイント ☞ 週間工事予定表の活用

○ 管理のゆき届いた現場

工事現場に、週間工事予定表を掲げることは、インパクトがあります。工事監督が常駐するゼネコンのビル建築では当然のことですが、住宅現場では、まだ数少ないことです。

だからこそ、住宅現場で、適切な週間工事予定表を、実施すれば大きな武器となります。よく現場で見かける、古い工程をかけっぱなしでは話になりません。工程表の書き換え管理は大変です。管理していない証拠となり、マイナスになります。

1週間先の予定がわかると、建築主は安心します。現場に入る職人に対しても、責任感という良い影響を及ぼします。

❑ **CHECK**

週間工事予定表の掲示、ヨシッ！

042 工期は遅れていないか？

✖ 管理されていない現場

随分工事が遅れているようですね！
冗談じゃないわよ
引越しが決まって
いるのよ！
イヤー、何とか
間に合わせます。

建築において、工期は極めて重要な概念です。建物のＱ（品質）・Ｃ（コスト）・Ｄ（工期）と同等に扱われます。竣工が、契約工期から遅延する場合にはペナルティーがあります。1日遅延するごとに、残った工事の金額の4/10000を支払うことになります。

契約工期の設定は慎重に行わなければなりません。それを避けるために、突貫工事をする場合もあります。突貫工事は、品質や人間関係などの点で、可能ならばすべきことではありません。特に住宅現場では、永い将来にわたって住むことを考えると、契約実行を無理するよりも、延ばす方がよい場合もあります。もっとも、突貫工事を行わないですむように、工事の段取りをしっかりすることが前提です。

ポイント ☞ 契約工期の把握

○ 管理のゆき届いた現場

現場が契約工期通りに順調に進行し、無事に完全竣工・満足な引渡しを迎えることができると楽しいものです。

建築主から、「良い家ができましたね！」といわれると、涙が出ることもあります。感動・興奮・完成感の新3Kで、ドーパミンがドバーッと分泌します。工事担当者にとって、最高の瞬間です。

工期が遅延して無理やり引渡しを迎えると、このような感覚はありません。満足感なく仕事をこなしただけで、ドッと疲れが出ます。

技術屋としてこのような喜びを、何度も味わうことは素晴らしいことで、人生のステージがアップします。

❑ **CHECK**

契約工期の遅延要素はなし、ヨシッ！

コラム2

クリティカルパス

工程の段取りをするときに、少しでも遅れが生じると、後続する他の計画にも遅延が生じ、計画の終了予定日にまで、遅延が生じる作業の流れをいいます。

これに対して、ある時間の遅れが出ても、後続する作業に影響のない場合、その作業は「ゆとり時間」もしくは「余裕時間」を持つ作業と呼ばれます。後続の作業に影響がないゆとり時間と、後続作業には影響があるが、プロジェクト全体には影響がないゆとり時間があります。

現場の工程計画は、優先順位を考えて、最も時間のかかる経路（余裕のない経路）であるクリティカルパスを重点管理します。どの作業が、クリティカルパスになっているのかを、見極めなければなりません。余裕のあるところに、一生懸命、力を注いで頑張っても効果が少ないのです。現場では要領ともいわれます。

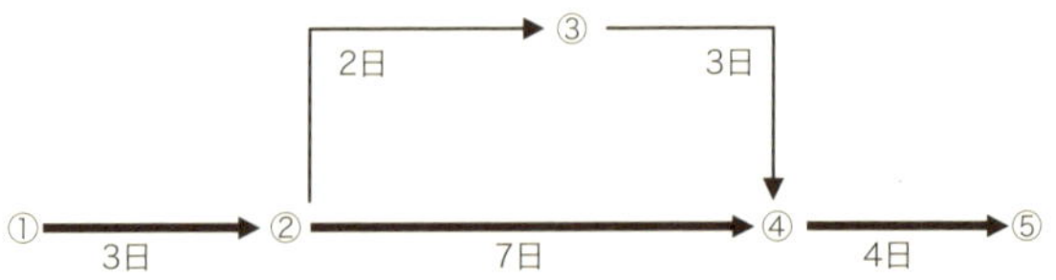

工程上、最も長くなる経路（①→②→④→⑤）＝14日がクリティカルパスです。

第3章
安全管理

住宅現場における安全管理とは、あって当たり前の世界であり、特別に注意しない場合もあります。現場で労災事故がおきると、本人・家族・建築会社・建築主などすべてに迷惑をかけます。現場では、事故災害なく、安全な作業をすることが当たり前で、評価されませんが、ひとたび、事故災害が発生すると、安全の責任を追及されて、大変です。現場の担当者はつらい立場にあります。

043 足場の壁つなぎが適正か？

✖ 管理されていない現場

足場の作業床の上に「壁つなぎ」がきました。作業床の上で作業していると、つまずいて転びそうです。とんでもないことです。足場の上は危険箇所です。危険な足場の上に、さらに危険箇所をつくりました。危険が２乗（危険）^{2}になると、無茶苦茶危険ということになります。

墜転落の危険性が増します。足場を組むのもセンスが必要です。次の工程の人が安全で使いやすい足場でなければなりません。足場の作業床の上は常に何もない状態がよいので、材料を仮置きするのも問題です。足場は各職種の、各職人が共同で使用するために、特に配慮が必要です。現場で配慮のできない職人は、淘汰されていくべきものです。

ポイント ☞ 壁つなぎは作業の邪魔にならない位置に

○ 管理のゆき届いた現場

足場は単独では自立しにくく不安定なものです。したがって各種の補強材が必要です。補強材を取り付けることにより、本来の機能を発揮します。その一つが壁つなぎです。これは圧縮材になります。

建築現場では外壁から引っ張ると、足場は丈夫でよいのですが、建物に傷がつき、また防水上好ましくありませんので、引っ張り材ではなく、圧縮材として使用する場合が通常です。

足場の作業床上に圧縮材をとるのは、高所作業で、つまづく可能性があるので不可です。下から圧縮しましょう。

要するに、上で、グラグラしない足場がよしです。

❏ **CHECK**

足場の壁つなぎ、ヨシッ！

044 揺れない足場になっているか？

✖ 管理されていない現場

住宅会社では、足場を組むときに、原則として安全確保の点で、先行足場工法です。この現場は上棟後、屋根工事も済んでいますが、最初から火打ちが設置されていなかったのか、作業の都合で取り外してそのまま放置されているのか不明です。不安全状態になっています。足場は、必要な部材をすべて取り付けてこそ、安全が確保されることになっています。

長期間不安全状態が放置され続けるのは、ブロークンウィンドウズそのものです。誰も気づかないのか？　気づいても危険と認識しないのか？　危険と認識しても、面倒だから対処しようとしないのか？　他にも危険箇所があるのではないかと疑問を持たないのか？　いずれにしろ現場の安全管理上問題です。

ポイント ☞ **足場の火打ち・壁つなぎ等で安全補強**

○ 管理のゆき届いた現場

足場設置は現場で安全に効率よく施工するための手段です。安全な足場にするために各種の補強材を取り付けることにより、足場は本来の機能を発揮します。その一つが隅角部の火打ち材です。

風圧の水平力に対抗します。これがないと足場の揺れにつながり不安定です。足場に上ってみて、揺れるようであればどこかに問題が生じています。揺れない足場にするための手段が、火打ち材・壁つなぎ・根がらみ・筋交いなどです。

足場には不必要な部材はなく、すべての部材が機能を持っています。部材が地面に落ちて放置されているのは、もってのほかです。

❑ **CHECK**

足場部材の完全取り付け、ヨシッ！

045 足場部材が外され、下に放置されていないか？

✕ 管理されていない現場

足場の部材が、多数地面に落ちています。足場は本来取り付くべきところに、取り付いて初めて安全なものです。何らかの事情により、足場の部材を外したまま、放置されています。材料搬入時などに外す場合には、足場作業主任者の有資格者が、取り外しと復旧を、責任を持って行わなければなりません。足場を変更する職人は、すべて足場作業主任者の資格取得が必要です。

基本的に足場には不要な部材はありません。足場設置時に、取り付いていた足場部材が、地面に落ちているということは、足場のどこかが、不安全な状態になっているということです。誰も注意することなく、見過ごされているならば、管理されていない現場といえるでしょう。

ポイント

足場作業主任者の資格の確認

○ 管理のゆき届いた現場

地面には、きれいに真砂土が敷いてあり、平滑になっています。安心感があります。足場材料は当然のことですが、ゴミ一つ落ちていません。現場管理の誠意を感じるところです。自信をもって、建築主と話ができます。

現場が、常にこのような状態であるならば、素晴らしいことです。おそらく、優秀な現場監督・職人が管理しているからでしょう。

足場の材料を取り外し、復旧するには、足場作業主任者の資格が必要です。大工・屋根・外壁など、足場を使用する職人は、有資格者であるべきです。安全関連の資格取得は、自覚が生まれます。

❏ **CHECK**

足場部材の外しっ放しなし、ヨシッ！

046 足場作業床の上に材料が放置されていないか？

✖ 管理されていない現場

足場作業床上に材料があります。足場とは作業をするためのものであって、材料置き場ではありません。

一時的に材料や・外した足場部材を仮置きする場合もあるかもしれません。材料があると、足場の上での移動が危険です。不安全な状態になります。

足場の作業床にも段差があり、固定も不良です。これも不安全な状態です。工事をするための仮設足場がこのような状態では、きっちりとした仕事ができにくいことになります。

職人の意識の中で、気分がシャキッとせず、不安全な行動につながります。足場は多数の職人が使用するものですから、他の職人のことを考えると、このような状態を放置することは不可です。

ポイント ☞ 足場作業床上には何も置かない

○ 管理のゆき届いた現場

足場の作業床の上は、作業員が安全に作業するためのものですから、何も置かないのが現場の常識です。

現場で四周を、問題なく回ることのできる足場は優秀です。プランにより、必ずしもできるわけではありませんが、このような足場をみると、安心できます。現場の効率も上がります。

なお、この現場は内側にも手すりがあり、墜転落防止に配慮されております。安全面で、かなりの水準の現場といえます。

万一、作業の都合で足場の部材を取り外す場合には、足場作業主任者の資格が必要です。足場の復旧責任もついてまわります。

❏ **CHECK**

足場作業床上の障害物なし、ヨシッ！

047 建物本体と足場の距離は適切か？

✖ 管理されていない現場

建物と足場の作業床が離れすぎています。基準は30cm以内なら安全といえます。職人が、スリム・太っているは関係なしに、決められた寸法です。30cm以内のアキならば隙間から、落ちないということです。

隙間が大きすぎると仕事もしにくいです。職人は無理な姿勢で、乗り出して作業する可能性があり、災害の可能性が増加します。

この場合は、内側に手すりを設ける、墜転落防止ネットを張る、安全帯を使用するなど、別の対策を講じる必要があります。建物本体と足場の作業床の間隔が30cm以内で足場を組み立てることが本来です。一般に仮設足場はリース形式ですから、足場業者が配慮のない仕事をしたということです。やり直しに相当する足場です。

ポイント ☞ 本体～足場の隙間は 30㎝ 以内に

○ 管理のゆき届いた現場

墜転落防止の安全上の寸法で 30㎝ という数字は多く使われています。建物の全周 30㎝ 以内のアキを確保して足場が組まれると気持ちのよいものです。建物のモデュールと足場の規格寸法から、全周で無理な場合には別の対策が必要となります。足場を同じ高さで一周してみると、危険箇所がわかります。途中で途切れていたり、作業床の幅寸法が変わっている場合があり、それは不安全状態です。

足場は多くの職人が共同で使用するものです。次の工程の人に迷惑をかけないために、不安全状態を即時即場（すぐにその場での意味）で是正させる勇気が必要です。

❑ **CHECK**

隙間 30㎝ 以内、ヨシッ！

048 建物軒先から足場建地の距離は適正か？

✖ 管理されていない現場

40cm もあいている
危ないじゃないか。
40cm

建物の軒先と、足場の建地の距離がゆうに40cmを超えています。30cmを超えると墜転落の危険性ありと判断され禁止されています。墜転落防止ネットを張る・安全帯を使用するなどの、別の対策を講じる必要があります。事前に、安全に関する仮設足場の設置計画ができていないからです。現場で適当に設置するからこのような不具合が生じます。

現場で足場に上って施工する職人にとっては迷惑な話です。足場を設置する職人も、計画をたてないで、行き当たりばったりで、設置しており、問題です。これを指示する立場の建築会社がリース料を支払って、かつ被害を被ります。規準通り設置できない足場業者は淘汰されてしかるべきです。

ポイント ☞ 軒先回り足場の厳重管理

○ 管理のゆき届いた現場

足場と屋根との取合い軒先部分は、最も危険箇所の一つです。基本的には、軒先よりも90cm以上建地を突出し、隙間から落ちないように中桟を設置し、軒先と足場建地との隙間は30cm以内とします。

そしてシートをはっておけば完璧です。これでは落ちようがありません。完璧な軒先です。職人も安心して仕事ができます。これできっちりとした仕事ができない職人は不要です。

現場では安全第一であり、すべての仕事の前提条件となります。ただ、安全はあって当り前の世界であり、不安全は怒られますが、安全は余り誉められないという、つらい立場です。

❑ **CHECK**

軒先回りの安全、ヨシッ！

049 足場が汚れていないか？

× 管理されていない現場

足場がずいぶんと汚れているな。
ヨシッ、とりかえさせよう。

足場は工事をするための仮設ですから、建物竣工後に残りません。残らないものには、なるべくコストをかけたくないものです。しかし、足場がペンキで汚れ、養生メッシュシートが汚れていると、感じの悪いものです。足場が汚れたまま放置されている現場は、配慮が不足しているため、他に不安全な箇所がある場合が多いです。

なんとなく気分がシャキッとしないわけで、不安全状態を呼び起こし、それが不安全行動につながります。さらに不安全状態が増え、スパイラルダウン現象という悪循環になります。

そのような環境で仕事をする職人にも悪影響を与えます。管理していないというシグナルの発信になります。そのシグナルを感じ取った職人は、どこかで手を抜く結果となります。

ポイント ☞ きれいな足場で安全向上

○ 管理のゆき届いた現場

きれいに管理された足場部材です。管理しているというシグナルの発信です。きれいなものを汚すと気がひけますから、きれいな状態は結構継続します。このような現場では職人も気を使います。職人が気を使わなくなったならば、危険信号で、汚れが進行します。汚れ始めると早いです。安全面も劣化していく傾向にあります。

安全が劣化していくと、品質も劣化していく傾向にあります。工期が遅延するようになります。環境でも、材料の使い方が荒っぽくなり、廃棄物が増え、材料が不足していきます。このように現場では配慮が必要です。配慮はさまざまな面に影響を及ぼします。

❑ **CHECK**

足場部材の汚れなし、ヨシッ！

050 足場に立入禁止措置はされているか？

✕ 管理されていない現場

足場に立入禁止表示をとりつけていないな。
アッ、すぐに取り付けます。

現場には立入禁止措置として、敷地の周囲に仮囲いを行い施錠します。さらに、仮設足場にも立入禁止表示が必要です。関係者以外は足場に立入禁止というアピールです。表示だけですから、無視して立入ることは可能です。だからといって表示しないというわけにはいきません。現場の責任として、建築会社として、管理します。それだけ足場は危険ということです。足場に上っての作業にはヘルメット・安全帯が必要です。

基本的に安全に対しては、管理をし過ぎるということはありません。自分が担当する現場では、絶対に事故・災害をおこさないという強い信念が必要です。万一おこったならば、本人・家族・会社・建築主に至るまで、すべてに迷惑をかける結果になります。喜ぶ人は一人もいません。やるべきことをやっておかなくてはなりません。

ポイント ☞ 足場の「立入禁止」をアピール

○ 管理のゆき届いた現場

足場にはハシゴではなく、きっちりとした昇降設備が必要ですが、その上がり口には「立入禁止」の表示が必要です。その表示がないということは誰でも侵入の可能性があります。第三者侵入禁止のアピールです。

安全は常にアピールが必要です。相手に伝わらなければいけません。伝わらなかったならば、最初から存在しないのと同じです。安全には黙認・妥協は不可です。

即時即場（すぐにその場での意味）是正が原則です。すべての前提条件が安全です。

❏ **CHECK**

立入禁止措置、ヨシッ！

051 瓦上げ機設置に伴う足場の手すり取り外しはないか？

✖ 管理されていない現場

屋根職人が屋根材料を上げる場合に、手で運ぶことはまずありません。瓦上げ機を設置するのが一般的です。問題点として、

①足場の上部の手すりを外しています。瓦上げ機を設置する以上は、足場を一部外しますので、「足場の組立等作業主任者」の資格を所持する必要があります。最上部の手すりを取付けてから作業すると安定するのですが。そして最後に復旧しなければなりません。

②屋根の上で屋根材料を受取る職人は、足場の取り外しにより、屋根上の墜転落防止措置が不十分なため、安全帯を使用しなければなりません。

③瓦上げ機を使用するときには、ウィンチの特別教育の受講が必要です。

ポイント ☞ 屋根職人にも足場作業主任者の資格

○ 管理のゆき届いた現場

瓦上げ機の設置は屋根工事施工店が行いますが、その際先行足場の手すりを一度取り外し、そして瓦上げ機を設置し、すぐに復旧することになっています。手すりを復旧しないと、不安全状態になります。なお、瓦上げ機は荷物用ですから、人間が乗るのは不可です。

材料の荷上げ時に手すりの復旧は当然ですが、隙間からの転落防止のための中桟が、上げる屋根材料に当たるために、取り外したままになります。やはり墜転落の危険があるため、屋根上の職人には、安全帯の使用が義務付けられています。安全帯を適正に使用するには、安全帯をかける親綱の設置が必要となります。

❏ **CHECK**

足場作業主任者資格、ヨシッ！

052 下屋の足場は安全か？

✖ 管理されていない現場

ウン、この下屋の足場は危ないぞ。足場屋に直させよう。
わかりました。すぐ指示します。

1階の屋根、つまり下屋の足場は設置時期が難しいものです。足場を架設後、屋根材を葺いて、変更（盛り替え）する場合もあります。1度に施工できないということは、よくチェックしてみると、何らかの問題点が見つかる場合が多いのです。

足場は組んでいるのですが、作業床がありません。この不安全な状態で作業すると危険です。見るからに不安定です。幅40cm の作業床が欲しいところです。

現場で、足場の上を1周してみると、まわれないところがあれば、何らかの問題があります。職人が使用しにくいということで、適当に変更すると、一層危険性が増す場合もあります。勝手に足場を変更することは許されません。

ポイント ☞ 適切な足場設置で安全確保

○ 管理のゆき届いた現場

下屋の足場は、どうせ変更しなければならないからという理由で、おろそかに組み立てられる場合があります。

足場は、仮設工事であり、建物を安全に竣工させるための手段であって、最終的には撤去され残らないものです。残らないものにはコストをかけたくないという気持ちも働きますが、安全確保の点で必要なものです。工事期間中だけのリース方式で足場業者に外注することが多いのですが、現場管理のレベルを判断するとき、差がつきやすいところです。下屋の屋根材施工完了後に、適切な足場が設置されている現場は、管理された現場といえます。

❑ **CHECK**

下屋の足場に問題なし、ヨシッ！

053 敷地の高低差対策はされているか？

✕ 管理されていない現場

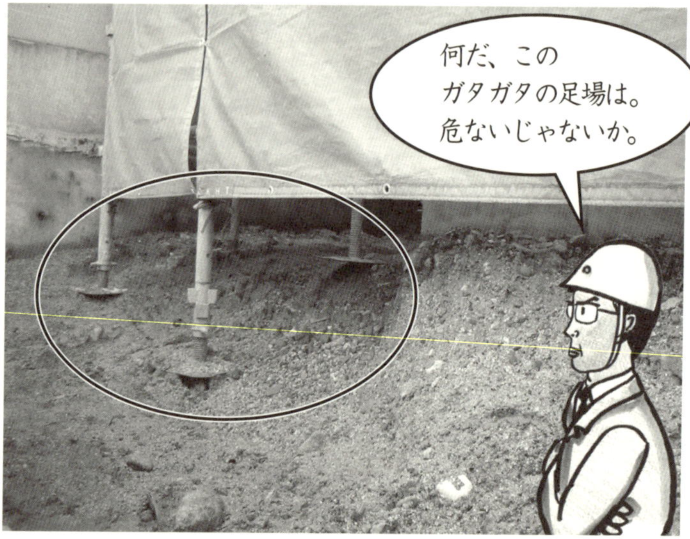
何だ、この
ガタガタの足場は。
危ないじゃないか。

現場の敷地には、高低差がつきものです。その段差は障害物となります。足場の足元は処理されずにそのまま足場が組まれてしまいました。足元のジャッキベース部分の下部が下がるのですから、支持効果はありません。不安全状態になりました。工事の進行に伴い段々下がってくるでしょう。

仕事をするにも通りにくく、効率は悪く、見栄えも悪く、安全ではありません。段取り８分といいますが、誰も気づかず、対処せずで、進行しています。言われたことだけをするのではなく、コミュニケーションの不足を感じます。通常の目で見て、何か変だなということは、やはり変なのです。報連相（報告・連絡・相談）ができる雰囲気も必要で、苦虫をかみつぶした顔はいけません。

ポイント 敷地高低差処理は安全と能率に影響する

○ 管理のゆき届いた現場

これなら君でも
上れるね。手すりが
あればもっといいが。
上りやすくして
くれているわ。

足場で階段をつくりました。作業員の安全と同時に効率よく仕事ができます。現場で効率悪くならざるを得ない場合には、問題があります。問題を解決せずに、そのまま進行させると事故災害につながります。それにしても、職人は自分たちで問題を解決せずに、危険なまま、効率が悪いまま、文句をいいながら作業します。

改善して、安全に効率よく仕事をしようとはしません。したがって、管理監督者が必要なのです。その管理監督する人が、気づかなければ、そのままです。現場を管理するには感受性が必要です。現場に携わる人は、感受性のレベルを上げることに気を使うべきです。

❏ **CHECK**

高低差は問題なし、ヨシッ！

054 屋根上に親綱は設置されているか？

✖ 管理されていない現場

2m 以上の高さは高所作業とされています。屋根工事は現場の最高所作業ですから、危険なところです。墜転落の恐れのある危険箇所で作業する場合には、安全帯を使う必要がありますが、その際に安全帯を掛ける親綱が必要です。

この現場には親綱が設置されていません。安全帯が使えない不安全状態です。職人に安全帯を使うように指導しても、親綱が設置されていなかったならば、やはり片手落ちです。安全帯をただ腰にぶら下げているだけでは、安全のための安全帯になります。現場では、昔から、「俺は猿回しの猿と違う」と言って、安全帯を使用しない職人が多数おります。あるいは安全帯を体に付けているだけで使用しない場合が多いので、監視します。

ポイント ☞ 親綱は安全帯を使うための段取り

○ 管理のゆき届いた現場

最も高所作業である屋根工事は親綱が張り難いのですが、足場を補強して、緊張機でピンと張ります。親綱の設置をしっかりしておけば、職人にも堂々と指導できます。現場で安全帯を所持して、かつ使用している職人は、安全に対する意識が高いといえます。それなりの職人です。おそらくその職人は、安全以外の品質・工期・環境面においても、それなりに配慮のできる水準の職人と思われます。

このような職人が入ると、現場はスムーズに流れます。そして、クレームも発生しません。このような職人は、大切にされなければなりません。

❏ **CHECK**

親綱の設置状況、ヨシッ！

055 安全帯は正しく使用されているか？

✖ 管理されていない現場

コラッ、親綱が落ちているじゃないか。すぐ復旧しろ！
アッ、すいません。今つけます。

危険な箇所で作業する際には、墜転落防止措置を講じなければなりません。その対策の一つが安全帯の使用です。安全帯を着用し、親綱に引っ掛けて使用すれば、墜転落災害はおこらないことになります。死亡災害の多くは、墜転落を伴います。墜転落災害を撲滅すれば、死亡災害の大半は防ぐことが可能です。

この現場では親綱が外されて地面に放置されています。安全帯が適切に使用できない状態です。職人は自分の安全のための設備を、用意してもらっているにもかかわらず、施工性だけのために、自ら親綱を外しました。そして、誰も復旧していません。このような現場では、随所に不安全状態が見受けられるはずですから、厳しく、チェックします。

ポイント ☞ 安全帯の着装と使用

○ 管理のゆき届いた現場

安全帯使っているね。
いつも、ちゃんと使っていますよ。
ここでは必ず
安全帯を使用せよ

最も高所となる屋根作業ですが、親綱が設置してあります。親綱は最後まで設置しておきます。安全帯が使用できる条件ができています。親綱が設置されていないと、安全帯も使用できません。

安全帯を使用せずに、墜転落災害がおこり、死亡災害となった場合には、労働基準監督署・警察署から責任の追求が厳しくされます。労働安全衛生法により、安全の責任者は大変な目にあいます。職人が災害に巻き込まれると、本人とその家族はもとより、施工店・元請会社から建築主に至るまで、大変な迷惑になります。広範囲に影響を及ぼすことになります。

❑ **CHECK**

安全帯と親綱の使用、ヨシッ！

056 墜落防止対策は万全か？

✖ 管理されていない現場

現場では、高所作業と呼ばれる危険な作業が多々あります。特に、上棟段階の大工作業は危険です。2m以上の高さはすべて高所作業という扱いを受けます。その場合には、作業床・墜落防止ネット・安全帯などの墜落防止対策をとらなければなりません。

労働安全衛生法（規則）で決められています。つまり、法律を守れば、墜落災害はおこらないことになります。

万一墜落災害がおこれば、それは法律違反ということになります。自己責任とすませることはできません。両罰規定により、会社・安全の責任者、つまり法人と個人の両方の責任が追求されます。各種の安全にまつわる資格教育など、会社をあげて事故災害がおこらないように頑張ります。

墜落防止対策を徹底

○ 管理のゆき届いた現場

現場で事故災害をおこさないということは、優良企業としての充分条件ではありませんが、必要条件となります。

災害を起こした本人・家族はもとより、同僚・会社・建築主など全部に迷惑をかけることになります。民事責任・刑事責任・行政責任・社会責任とあり、四重苦とよばれます。

大変なことになる割には、職人の安全意識が低く、ヘルメット・安全ネット・安全帯を使用しないなど、不安全状態のまま、平気で作業を進行させることがあり、工事担当者は管理しなければなりません。

❑ **CHECK**

安全ネット・安全帯の使用、ヨシッ！

057 開口部の墜転落防止措置はできているか？

✖ 管理されていない現場

手すりが
ないじゃないか。
仕事をやめて、
すぐつけろ！
ハイッ
すぐつけます。

めったにおこるわけではありませんが、現場で重篤災害が発生する可能性があります。その際には墜転落をともなう場合が圧倒的に多いのです。皆が不幸になる墜転落を撲滅できれば、現場の重篤災害は大幅になくなります。

開口部になる階段室などの吹き抜け部分が問題となります。工事を進行させる上で、完全にふたをすることはできにくいため、一般には手すりを設置します。工事中の仮設手すりです。手すりがなければ、安全ネットや安全帯の使用など、別の対策を講じなければなりません。仮設手すりの設置が簡単なのですが、現場では設置されていない場合があります。注意すると、「これから設置するところです」との回答です。　ナメンナヨ！

ポイント ☞ 開口部には仮設手すりを設置

○ 管理のゆき届いた現場

仮設手すりが設置され、開口部注意の表示があります。このように安全に配慮された現場では、墜転落災害はおこりません。管理しているというシグナルが発信され、職人もそのように行動します。

労災事故をおこして幸せになる人はありません。職人にとって、現場で直接作業する自分のための安全であるにもかかわらず、安全装置を無視しようとするふとどき者がいます。自分だけは災害にあわないと勝手に思っています。労災事故を起こして、皆に迷惑をかけまくってから、やっと反省するのです。現場を管理する工事担当者にとっては、事故をおこす前に、配慮して欲しいのですが…。

❑ **CHECK**

墜転落撲滅で重篤災害なし、ヨシッ！

058 脚立の天板作業はしていないか？

✖ 管理されていない現場

脚立の天板に乗って、作業することは禁止されています。墜転落の危険性が増すからです。実際には多くの職種の、多くの職人が、脚立作業を行います。そして、天板作業をしている姿を見受けます。脚立の天板に乗ってはいけないことを知っているはずです。

どこの建築会社でも、職人が脚立から墜落して、ケガをした事例は数多くあります。現場作業では、脚立作業が数多いわけですから、普段から安全な使い方をしなければなりません。労災事故は、滅多におこるものではありませんが、過去におきなかったからといって、明日もおきないという保証はありません。わずか 60㎝ の高さから墜落して、重篤災害になることもあります。脚立作業は室内作業ですが、ヘルメット着帽は必須条件となります。

ポイント ☞ 脚立の安全作業を確認

○ 管理のゆき届いた現場

墜転落事故が多く、危険な脚立作業ですが、適正な使用方法であれば、労災事故のおこる確率は低くなります。以前に推奨されていた、脚立にまたがって使用することは不可となり、片側に乗って作業するのが正解です。人間の行うことですから、絶対ではありませんが、一般に、腕のよい職人は、安全な使用方法が身についています。腕の悪い職人ほど、品質は悪く、工期はかかり、不安全行動を行います。そして不安全状態を放置します。

技術屋として、腕のよい職人を大切にしたいものです。現実に現場で作業するわけですから、安全に作業して欲しいものです。

❏ **CHECK**

脚立作業は適正、ヨシッ！

059 脚立をハシゴ代わりに使用していないか？

✖ 管理されていない現場

上棟前後の現場に行くと、ハシゴが設置されておらず、脚立をハシゴ代わりにしている場合があります。見るからに、危険そうです。不安全状態そのものです。このようなハシゴから墜転落した職人は数知れずいます。危険な状態であることはわかっているハズですが、上棟前後のときは、ハシゴを段取りしていない場合が実に多いのです。職人にとって、自分の身を守るためのものですが、中には本来の階段を取り付けるまで、このままの脚立利用で済ませるつわ者もいます。とんでもないことです。現場には多くの職種の多くの職人が入れ替わり立ち代り入ります。建築主も、施工店の工事監督も入ります。

脚立はやはり本来の使い方をしなければ危険です。周囲の開口部も危険ですが、仮にちょっと使うという軽い気持ちが事故につながります。労災事故がおこると、工事関係者全員に多大な迷惑を及ぼします。脚立は脚立であって、ハシゴの代わりにはなりません。

ポイント ☞ 仮設階段の設置で危険回避

○ 管理のゆき届いた現場

建築会社では、標準仕様として、最近多いのですが、リースで、踏段付き・手すり付きのアルミ製ハシゴを仮設階段として使用します。正しい角度75度で、上部固定、下部滑り止め、上部の突き出し60cm以上の確保を遵守して、取り付けされます。このハシゴの設置も本質安全化といえます。職人が設置したハシゴよりも、はるかに安全性が高いものです。

安全はあって当り前の世界で、当然の配慮です。現場では「安全第一」の精神を忘れてはなりません。建築主が現場を訪問しても、2階に上ってみようという気になります。

❑ **CHECK**

脚立とハシゴは正しい使い方、ヨシッ！

060 電動丸ノコの安全装置はよいか？

✖ 管理されていない現場

電動丸ノコの安全装置が、いつも問題になります。職人が、安全装置をはずして使用します。ベニヤを差込み、ヒモでくくり、工夫をこらしています。自分のための安全装置にもかかわらず、安全装置を作動しなくなるようにしています。仕事がしにくいという理由で、安全よりも、効率重視です。

合同安全パトロールを行うと、必ずチェックします。ここで、安全に対する職人のレベルが大体わかります。このような使い方をする職人に対しては、重点的に慎重に、他も確認していきます。また、電動工具が手入れされずに、サビがでている状態をみると、情けない気持ちがします。職人のプライドだと思うのですが、目先のカネに走りすぎです。

ポイント ☞ 電動工具の安全装置を確認

○ 管理のゆき届いた現場

電動丸ノコで、適正に作動する安全装置です。大工の棟梁が、きっちりと使用する場合には、その配下の職人も適正に使用します。職長としての、「率先垂範」です。悪い見本を見せると、配下の人も悪くなっていきます。現場では「即時即場」という言葉があります。つまり、不安全状態や不安全行動を見つけたら、すぐに、その場で、是正させます。後からではなく、すぐに、その場です。

現場では、どの職種であっても、職長に相当する人の影響力が大きいです。職長には、現場でよくいわれる、アタマ・ウデ・ヤルキが備わっているのは当然として、人間性が必要です。

❑ **CHECK**

電動丸ノコの安全装置、ヨシッ！

061 適正な電工ドラムを使用しているか？

✖ 管理されていない現場

建築現場において、職人の使う電動工具や機械類が、汚れ・傷んでいるのは、見苦しいものです。このようなものを使って、自分の家がつくられていると思うと、あまり良い感じはしません。それを指摘されると、職人として、建築会社としてのプライドが傷ついてしまいます。電気コードが這い回り、ねじれ、からまり、切断してテープ修理されているようなところを、建築主に見せてはいけません。品質も大丈夫かなと疑ってしまいます。

職人には相手の立場で考えるという習性がないかもしれません。自分の都合で考えてしまいがちですから、教育が必要なのです。このような電工ドラムを使って漏電事故が起こらないようにお祈りします。

ポイント ☞ 電工ドラムを見ると職人の質がわかる

◯ 管理のゆき届いた現場

大工が使用している電工ドラムをみると、大工の人間性のレベルが大体わかります。きっちりとした性格かどうかです。適正な電工ドラムを、ていねいに使用している大工なら、仕事を任せて大丈夫といえます。腕のよい職人は大体、工具をていねいに扱います。工具の扱い方で、人間性を判断されてしまうのが現実です。

工事用仮設電気ポールから、電気コードを引っ張りますが、アースがついているか、3芯になっているかなどを確認します。それにしても、泥のついた、傷のついた、電工ドラムが多いようですが、感受性の優れた職人ならば、このあたりを配慮するはずです。

❑ **CHECK**

電工ドラム確認、ヨシッ！

062 仮設電気ポールの設置位置は適切か？

✖ 管理されていない現場

仮設電気ポールの設置位置が、何と足場の作業床の、ど真ん中にあります。思わず笑ってしまいました。電線には防護管がしてありますが、現場の常識・センスの問題です。きっとこの電気工事職人は問題をおこしそうです。自分の都合だけ考えて、他の職種との取合いが読めないのは不可です。

足場職人も困って、仕方なく危険防止のストッパーを取り付けています。1人の職人のお陰で、現場が段々とおかしな方向へ展開していっています。

アース付きかどうか、電気ポールが垂直かどうか、責任者表示があるかどうか、ボックスの設置高さはよいかがチェックポイントになります。仮設物と思って侮ってはいけません。

ポイント ☞ 仮設物設置のセンスに注意

○ 管理のゆき届いた現場

工事用仮設電気ポールは工事の最初から最後まで、現場に設置します。当然、垂直に建てるのですが、現場によっては、歪んで感じの悪い場合もあります。街行く人が見て、おかしいと感じるものは不可です。

仮設電気ポールは、緑線のアース付きになっているかを確認します。漏電ブレーカーの高さは、子供の手の届かない高さ、つまり1800㎜ くらいがよいです。仮設電気ボックスに責任者の連絡先と注意表示があるのはよいことです。毎日の仕事終了時には漏電ブレーカーを落として、確認することはいうまでもありません。

❑ **CHECK**

仮設電気ポール設置、ヨシッ！

063 電線の防護管措置はよいか？

✕ 管理されていない現場

監督さん、電線の防護管はしないとダメですよ。
そうですね。すいません。次回からやります。
労働基準監督署
安全パトロール

現場では重機を使用するときがあります。移動式クレーン・コンクリートポンプ車などを使用する場合です。その際、電線が邪魔になります。電線にあたると大変なことになりますので、工事開始までに、電力会社に段取りして、防護管を取り付けてもらいます。

労働基準監督署からの指導があります。防護管を取り付ける前に、工事に着手することは不可です。防護管設置費用は電力会社により、有償・無償があります。

安全のためですから、コストがかかるからといって、防護管を設置しないわけにはいきません。重機を使用しない条件なら、防護管は不要ですが、足場の近辺に電線が通過している場合には、防護管を設置した方が無難であることは当然です。

ポイント ☞ 電力会社へ防護管手配完了

○ 管理のゆき届いた現場

現場で、きっちりと電線に防護管が施工されています。重機が入っても安心できます。現場で重要な品質・コスト・工期の前提条件が「安全」ですので、配慮されなければなりません。

安全はあって当たり前の世界ですから、特別にいわないこともあります。前提条件という考え方です。仕事をする際には、そのための段取りが大切です。

仕事のできる工事担当者は全員、段取りが優れています。事前に先読みして、次に何が必要かを読めなければなりません。問題が発生してから、やっと段取りするようでは問題です。

❑ **CHECK**

電線の防護管設置、ヨシッ！

064 現場で全員がヘルメットを着帽しているか？

✖ 管理されていない現場

昔の職人はヘルメットをかぶらないのが普通でした。今は違います。労災事故をおこして、ヘルメットをかぶっていたら助かったはずの命は数知れません。建築現場に携わる職人は、それだけ危険な箇所で仕事をしています。

労災事故をおこした本人はもとより、その家族・施工店・元請け会社・建築主など多方面にわたって、迷惑がかかります。現場の安全の責任者である、職長・各種作業主任者は、不安全行動や不安全状態を見つけたら、すぐにその場で是正させなければなりません。黙認は許されません。安全の責任者になる人は感受性が必要です。危険を危険と認識しないことが危険です。危険が3回重なると何が何んだかわからなくなります。

ポイント ☞ ヘルメットはきちっと着帽

○ 管理のゆき届いた現場

大手ハウスメーカーでは、建て方・足場上の作業で、ヘルメット着帽は当然ですが、室内の造作作業でも、ヘルメット着帽が増えています。工場やゼネコンを見本に、現場内全員ヘルメットが標準になりつつあります。現場で仕事をする上での基本事項になります。

ヘルメットの下にタオルをしてはいけません。事故があったときに、滑って肝心の頭部の保護がおろそかになります。あごひもをきっちりと締めるのは当然です。だらしなくすると安全上だけでなく、気分がシャキッとせず、仕事の品質そのものにも悪影響を及ぼします。見た目も悪く、他の作業員にも悪い見本を示すことになります。

❑ **CHECK**

現場内全員ヘルメット着帽、ヨシッ！

065 現場にポスター類・注意事項等が表示されているか？

✕ 管理されていない現場

掲示物が１枚だけでは寂しいです。スッキリとはするのですが、現場での遵守事項が掲示されないと、守られない傾向にあります。現場の安全管理には、スマートさよりも、泥臭さが必要です。わかりきっていることを当たり前に掲示する習慣が必要です。

現場に表示するポスター類の例ですが、「現場心得」「土足厳禁」「禁煙」「5S（整理・整頓・清掃・清潔・躾）」「廃棄物の分別」「緊急連絡先」「ヘルメット着帽」「安全帯の使用」「脚立天板作業禁止」等があります。現場の管理において、工事担当者が少しでも怠慢・手抜きをすると、すぐに不安全状態・不安全行動が発生します。その中のほんのわずかですが、事故・災害・トラブルにつながる可能性が高まります。

ポイント ☞ ポスター類は緊急時対策としても必要

○ 管理のゆき届いた現場

万一に備え、救急病院の地図と緊急連絡先を明確にしています。パニック状態になっても、現場の場所を説明できるように、その現場と近くの救急病院の地図を準備しています。

危険作業を担当するわけですから、心構えが必要です。

安全に対する配慮が必要です。このような掲示物は多い方がベターです。現場では、注意事項は掲示するべきものです。わかっているはずでは駄目です。

掲示することにより、再徹底できることなのです。現場を担当する人間に対しては、何度も繰り返しが必要です。

❑ **CHECK**

ポスター類表示、ヨシッ！

コラム3

ハインリッヒの法則

1：29：300の法則ともいいます。労働災害で、発生割合を分析すると、重症災害の起こる割合が1に対して、軽症災害が起こる割合が29、H. H.（ヒヤリ・ハットといい、事故にはつながらなかったが、ヒヤッとした、ハッとした場合で表には出ない）の割合が300になるという分析結果です。

この経験則を応用すると、一つのマスコミにのるような大失敗の陰には29のお客様からのクレームがあり、300にも及ぶ社員が何となく気になっているような問題があるでしょう。

その大問題だけが偶然運悪く出た問題ではなく、類似の問題の芽はたくさんあるということです。このH. H.を事前に察知できるように、常に体内センサーを働かせる必要があります。

結果には何らかの原因があり、原因があれば、やりようによってはつぶすことができるはずですから。

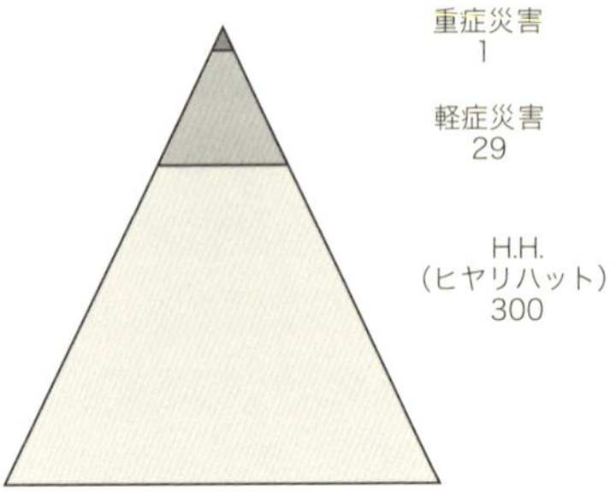

第4章
人間関係管理

現場には多くの職種の、多くの職人が入ります。お互いに配慮し、協力しあわないと、うまく工事進行できません。次工程の人のことを考えて、マナーを守ります。どこの世界でも人間関係は難しいものです。

建築主も、建物そのものよりも、整理・整頓・清掃・清潔・躾といった5Sについて評価し、満足を感じます。ハード面よりもソフト面が評価されます。仕事の前提条件といえます。

066 現場で朝礼がされているか？

✕ 管理されていない現場

朝礼なしで、いきなり作業はまずいよ！
明日からやります。

ビジネス社会では、朝礼は当たり前に行われています。工場やビル工事現場では普通に行われますが、中小の現場では、朝礼が省略される傾向にあります。それは、工事の責任者が、その現場に常駐しないシステムですから、少ない人数で、恥ずかしい、照れくさいという感覚で、いきなり仕事を始めます。しかし、朝礼で報告・連絡・相談を行って、心構えをつくってから一斉に作業開始すると、安全・品質・工期など情報の共有が可能です。

わずか数分の時間を惜しんで作業しても、打ち合わせ不足による損失の方が大きくなる場合が多いのです。朝礼の音頭とりができるのは職長に相当する、その職種の現場責任者です。作業開始前の朝礼は仕事を開始するけじめとなります。

ポイント ☞ 現場での報告・連絡・相談

○ 管理のゆき届いた現場

現場で朝礼・ミーティングをする場合があります。各職種の職長がしっかりしている場合に可能です。朝礼の重要性を認識できる職長ですから、すべての点で配慮がゆき届きます。このような職人が入る現場では、指揮命令系統がしっかり統率がとれていますから、間違いのない仕事になります。工事担当者も安心できます。

現場では職人の腕前そのものよりも、このようなところでレベルの判断ができます。建築もビジネスであり、多くの職種の、多くの職人が入る現場で、朝礼やミーティングが行われないことは本来、おかしいことです。昔の習慣をそろそろ転換しなければなりません。

❑ **CHECK**

現場でのミーティング、ヨシッ！

067 職人のマナー教育はできているか？

✖ 管理されていない現場

ビジネスの世界で、基本的マナーの一つに挨拶があります。建築現場もビジネスですから、当然、挨拶が必要となります。建築主が「こんにちは、ご苦労様です」と挨拶をして、知らん顔をする職人がいます。せいぜい会釈だけです。

「一体、お宅の会社では、どういう教育をなさっているんですか？」という声が聞こえてきそうです。一方、きっちりと堂々と挨拶をする職人もいます。近隣の人にも挨拶するべきものです。当然のことですが、人によるバラツキがあります。このあたりで、建築主にレベルを判断されています。

ハード面では当然合格する建物を提供している建築会社ですが、ソフト面では、落とし穴がある場合もあります。

ポイント ☞ 挨拶が必要条件

○ 管理のゆき届いた現場

せっかく素晴らしい建物を建築する能力がありながら、挨拶ができない職人がいるのは残念なことです。少しのマナー教育と練習だけで解決する問題だと思います。現実は、職人に気持ちがあっても声が出ないのです。声が出ないと相手に伝わりません。伝わらないのは気持ちがないのと同じ結果になります。悲しい現実です。

挨拶ができない職人がいる中で、きっちり挨拶すると評価されることになります。技術的な腕前以上の価値があるかもしれません。残念ながら、職人に対するマナー教育を実施する建築会社は多くありません。ここは差別化をすることができます。

❑ **CHECK**

まず、挨拶からはじめる、ヨシッ！

068 職人の服装はきっちりとしているか？

✖ 管理されていない現場

現場に入る職人の服装ですが、通常は職人にお任せです。個人の自由です。基本的には清潔な作業服なら問題ありません。ときどき真っ赤なズボンや目立つものがありますが、感心しません。建築主が普通の目で見て、違和感を感じるものは避ける方が無難です。

感じるのは建築主であって、職人ではありません。真夏の暑いときであっても、下着姿や上半身裸の作業は当然不可です。昔はありましたが、最近は見かけなくなりました。レベルが上ってきたのです。下がったら困ります。

本来の仕事がきっちりとできておれば、問題ないというものではなく、現場に入る職人は、上下とも作業服姿が最も理想的です。これが建築主に、評価されるところの一つです。

ポイント ☞ まずは作業に適した服装

○ 管理のゆき届いた現場

制服姿は、何か
頼もしい感じよね。
関係者以外立入禁止
事職長

作業服に独自の制服を採用している会社もあります。足場屋の制服が最も普及しています。バラバラの作業服よりも、はるかに評価できます。仕事に対する自覚や、安全に対する配慮なども感じます。見栄えがするのです。

仕事の取り組み姿勢に、直接は関係ないのですが、何となくシャキッとしており、気分のよいものです。実際に制服姿で労災を起こす確率は少ないのです。

気分がシャキッとして、仕事に取組む心構えができるものです。間接的に、品質・納期・安全・人間関係に好影響を与えています。

❑ **CHECK**

職人の作業服に不具合なし、ヨシッ！

069 担当大工を建築主に紹介しているか？

✕ 管理されていない現場

建築現場がすっきりと見えるのですが、掲示物が一切ありません。誰が大工の責任者か不明です。建築主が紹介を受けて、顔馴染みになれば良いといえばそれまでですが、なんとなく億劫です。

担当する現場の、大工責任の自覚は、形がある方が明快です。掲示することにより、よりはっきりと自覚できます。頭の中でわかっていることでも、目で見えると違うもので、責任感が生じます。

中には、担当する大工を、工事担当者と一緒に、建築主の自宅まで、訪問して、きっちりと挨拶する施工店があります。これは、他では行わないことであり、評価に値します。

責任の自覚という観点から、素晴らしい試みです。形として示さないと、自覚は芽生えません。

ポイント ☞ 大工棟梁を写真入りで紹介

○ 管理のゆき届いた現場

大工棟梁紹介カードの例
現場で掲げることができるよう
ケース入りになっています。
教育経歴も記載されています。

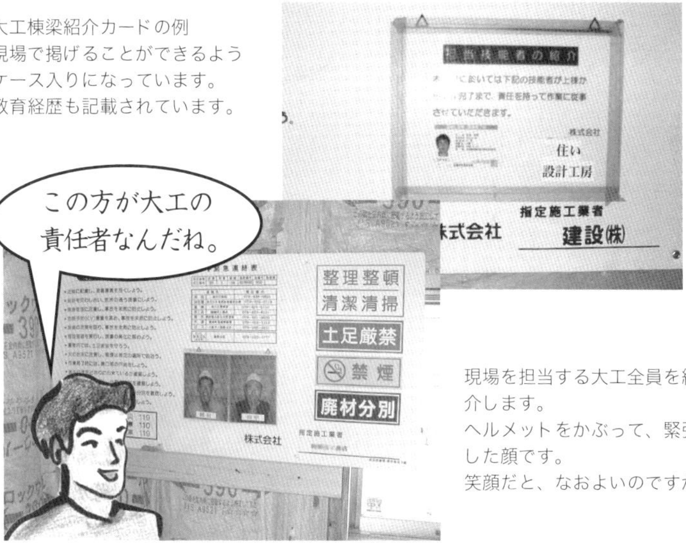

現場を担当する大工全員を紹介します。
ヘルメットをかぶって、緊張した顔です。
笑顔だと、なおよいのですが。

建築主が建築現場に行って、見知らぬ職人と喋るのは、億劫なものです。これは、責任を持って担当する大工棟梁を、紹介する写真カードです。

各種の資格が表示されています。建築会社の技術研修の修了証、足場・木建・鉄骨などの各種作業主任者、玉掛け技能・職長教育修了などが表示してあります。

氏名・顔写真入りで掲示することによって、責任の自覚が芽生えます。これらの資格を取得することで、安全・衛生・CS（顧客満足）に対する意識が変わります。素晴らしい試みです。

❏ **CHECK**

大工責任者表示、ヨシッ！

070 建築主の顔写真が掲示されているか？

✖ 管理されていない現場

現場で、建築主か、近所の人か、業者か、わからないことがあります。職人にとっては、建築主が現場を見にきていると、やはり緊張します。会社側は、職人に対して、マナー教育などを行い、挨拶を励行しています。少なくとも、建築主に対しては、きっちりと挨拶してもらわないと、会社側としては問題です。現場に携わる職人は、多数の職種にわたり、多数の職人が入ります。良い職人かどうか、挨拶で判断されることが通常にあります。挨拶のできない・しない職人の評判は極めて悪くなります。職人は技術的な腕以外のところで、判断されます。

建築主の顔がわかれば、職人は挨拶しやすくなります。会社側も配慮すべき点です。

ポイント ☞ 写真を利用したコミュニケーション

○ 管理のゆき届いた現場

住宅現場の玄関ドアにはられた「私たちのお客様」写真です。地鎮祭の時の家族写真ですが、ほのぼのとした雰囲気を感じます。施工する作業員側から見ると、建築主の顔を見ないで仕事をするよりも、顔を見て仕事する方が楽しいものです。

現場に来られても、すぐに建築主とわかりますから、挨拶もしやすくなります。挨拶のできない職人という課題の解決策としても素晴らしい試みです。施工者側として、頑張っているというアピールにもなります。ポイントは、顔写真によるコミュニケーションです。コミュニケーションが充実していれば、クレームはありません。

❑ **CHECK**

お客様写真の掲示、ヨシッ！

071 工事担当者が建築主に定期的な連絡をしているか？

✖ 管理されていない現場

ここの監督さんは連絡がとれないな。
本当に困ったものよね。
アー、ここの監督さんはめったに来ないからね。

工事担当者は建築主に対し、工事中の定期的な連絡が必須条件です。報連相と呼ばれる報告・連絡・相談を怠ると建築主の満足感は落ちます。連絡をして怒られたことは一度もありませんが、連絡をせずに怒られたことは数え切れません。連絡をすると礼を言われます。有難いことです。

ハード面ではどの建築会社も合格圏内の建物を供給します。不合格では話になりません。問題はソフト面です。その一つが定期的連絡です。毎週1～3回連絡をする癖をつけます。毎日できるなら最高です。30分を1回連絡するよりも、10分を3回連絡する方が効果的です。工事担当者が建築主のために、一生懸命頑張っている姿は気持ちのよいものです。

○ 管理のゆき届いた現場

今日は、この件を念押ししておこう。

着工〜上棟〜造作〜竣工の過程で、現場立会い・電話・FAX・メールなどの手段を駆使して、連絡回数を重ねます。何回連絡したかの回数です。建築主からの連絡ではなく、工事担当者からの連絡がポイントです。とりあえず、質よりも量です。

連絡回数を管理します。回数を確保した後が質になります。連絡を続けると、問題点も出てきますが、問題点は早くわかれば、対処のしようがあります。連絡回数が前提条件となります。

仕事を通じて、建築主と仲良くなることができるということは、技術屋にとって素晴らしいことです。

❑ **CHECK**

定期的連絡の継続、ヨシッ！

072 工事関係者の駐車スペースは確保されているか？

✖ 管理されていない現場

いつも勝手にうちの前に駐車されて迷惑だわ。
黙っていることないわよ。私が文句言ってあげる。

工事関係者は現場まで車で行きます。道具・材料を積みますから、電車通勤というわけにはいきません。街中での駐車は、大きな問題となります。

工事期間中、近所の駐車場を借りることができればよいのですが、空いている駐車場・コストなどの点で、路上駐車することが多いのです。各職種の多くの職人が入れ替わり駐車します。現場にいる期間の長い大工の車が、現場近くの同じ位置に駐車します。

近隣で迷惑を受ける人が立腹して、警察に通報ということもあります。事前に想定される問題ですから、近隣に対して、どこへ駐車するのか確認しておく必要があります。可能ならば、予算をとって、工事期間中２台程度の駐車スペースを確保したいものです。

ポイント ☞ 駐車の挨拶カードの提示

○ 管理のゆき届いた現場

職人さんも
気を使っている
ようだ。
工事期間中、ご迷惑をおかけいたします。
駐車て問題があるようでしたら
お声をおかけください。
何かあれば、
すぐに動かして
くれますから。

やむを得ず路上駐車する場合に、このような手があります。駐車の挨拶カードを掲示しておくものです。

携帯電話の連絡先を記載しておき、問題があれば、直ちにどけますという意思表示です。頑張って仕事中ですから辛抱してくださいと、見た人は悪い気がしません。かなりの確率で駐車違反から逃れることができます。

挨拶することなく勝手に駐車するよりも、マナーにかなっています。駐車スペースの確保が第１ですが、不可能な場合には、このような手もあります。ここでも、近隣挨拶は重要な要素になります。

❑ **CHECK**

迷惑駐車なし、ヨシッ！

073 職人が室内へ土足で上っていないか？

✖ 管理されていない現場

職人が、土足のまま建物内に入っていく姿を、建築主が見ると、感じのよいものではありません。建物を大切に扱ってくれていないと感じてしまいます。感じるのは、建築主です。職人でも、建築会社でもありません。相手の立場になって感じるべきですが、言うのは簡単でも、やりきるのは結構難しいことです。

大切なのは感受性です。感受性は人によりバラツキます。人は自分で勝手に都合よく解釈します。同じ人であっても、その日の状態によりバラツキます。したがって、工事担当者は、常に目を光らせておく必要があります。工事担当者の目が曇っていると、現場ではとんでもないことが発生し、クレームや労災事故になる可能性があります。

ポイント ☞ 上靴での作業で評価UP

○ 管理のゆき届いた現場

土足厳禁！
整理・整頓
清潔・清掃！
上靴に履き替えて
作業しているんだ。
本当ね。

職人が、上靴に履き替えて作業している現場は、配慮された現場といえます。ていねいに扱っていると感じます。そして、脱いだ靴を揃えると、マナーのよい、教育された職人といえます。このような職人の現場は、任しておいても、問題発生することは少ないです。建築主の評価は建物のハード面の出来映えよりも、ソフト面の挨拶・態度・身だしなみ・言葉使いなどで、判断されることが現実です。

マナーのよいのが前提条件で、悪いと土俵に上がれません。工事担当者にとって、マナーの悪い職人を使うのは、非常に疲れる、手間のかかることなのです。

❑ **CHECK**

靴の履き替え、ヨシッ！

074 職人の話声が騒音になっていないか？

✖ 管理されていない現場

工事現場では、職人の話し声が問題となる場合があります。近隣の方には、工事そのものの音は辛抱してもらえることが多いのですが、職人の話し声は騒音と感じられます。また話の内容が問題となることもあります。他人の悪口や不平不満を聞きたくありません。

上棟時や突貫工事など大勢の職人が集まるときに生じます。通常の、1人か2人の職人でコツコツと行う仕事では問題ありません。

職人に対するマナー教育が重要性を帯びてきています。「いったいどういう教育をされているんですか」とお叱りを受けることがあります。忙しいと仕事に対する感謝の念が失われることがありますので、心しておく必要があります。近隣から苦情が発生することは、永く生活する建築主に対して失礼なことです。

ポイント ☞ 職人の話し声で迷惑をかけない

○ 管理のゆき届いた現場

室内作業でも、ヘルメットをかぶって、清潔な作業服を着て、きっちりと、寡黙に職人技を発揮する姿は、気持ちの良いものです。一般にしゃべり過ぎる職人は、問題をおこす可能性が高いという経験則があります。仕事ができない分、話のほうに重点が移っています。できる職人は、5S（整理・整頓・清掃・清潔・躾）の特に躾がきっちりとできています。できない職人は、5Sが駄目です。5Sができないから、仕事ができないのかもしれません。

一生懸命仕事に夢中になり、現場が片付いているから、能率もよく、工程も順調に進み、現場にどこか、静かな余裕が感じられます。

❑ **CHECK**

話し声が騒音になっていない、ヨシッ！

075 工事中の建物管理はできているか？

✖ 管理されていない現場

工事中の建物管理ですが、養生メッシュシートが隙間だらけ、建物内部に誰でも入れる状態です。飛び越えて侵入するのは別として、安全が感じられない現場です。建築主も何となく不安を感じることでしょう。建築会社として、管理できていない現場といえます。

現場の管理レベルは昔と違って、上っていますから、昔のままの、管理レベルの会社は淘汰されていく運命にあります。同業他社の現場管理状況は常に把握しておく必要があります。他社の良いところは取り入れて、まねることも必要です。技術屋は、まねることを恥じる必要はありません。

ビジネスの世界では差別化といわれますが、一つでも、他社よりも、優れた自慢できるところを工夫したいものです。

ポイント ☞ 工事中の建物管理を万全に

○ 管理のゆき届いた現場

ワッ、凄い。
お飾りがあるぞ。
これが我が家か！
そうね、凄いよね。
もう少しで新居に引越しね。

　正月休みに建築主が現場を訪れたら、仮囲いゲートに、お飾りがありました。悪い気はしません。建築会社が建物を大切に扱っているという誠意を感じます。施工者側の誠意のアピールが上手といえます。建築主が施工者側の誠意を感じると、クレームは激減します。工事担当者にとって、誠意をアピールすることも、重要な要素です。それが評価される結果となります。

　現場を担当する技術屋も工夫が求められます。あまりコストをかけずに効果が期待できるものです。これらの工夫は現場に入る職人にも好影響を与え、職人も建物を大切にします。

❏ **CHECK**

休み前の現場管理、ヨシッ！

076 近隣への工事完了挨拶を行っているか？

✖ 管理されていない現場

隣の工事中うるさくて
大迷惑だったわ。
本当よね、
うるさかったわね。

工事が完了した後は、そのまま建築主に引渡し、入居するパターンが一般的です。工事着工前には近隣挨拶を行いますが、竣工後は知らん顔です。余計なことは省略して、次の仕事にとりかかる場合が多いのです。

だからこそ、竣工後にも、近隣に対し、迷惑をかけたお詫びと、お礼をすると、近隣の評価が高まります。近隣の人は必ず、建築主と話をしますから、その際に業者の評価が高いと、建築主は感動します。感動した建築主とはトラブルがおきません。近隣挨拶は着工前と竣工後のセットで行います。かかる費用はわずかです。工事担当者には多少の負担がかかりますが、他がやらないことをやることがプラス評価につながります。

ポイント ☞ 近隣に工事完了挨拶の徹底

○ 管理のゆき届いた現場

工事中、ご迷惑をかけましたが、無事竣工しました。ありがとうございました。
まー、ごていねいに。お互い様ですから。

終わりよければ、すべてよしといわれます。終わりとは、建物の竣工～引渡しまでの間をいいます。このわずかの期間が、評価の分かれ目になります。

この期間に、近隣にきっちりと竣工挨拶をしておくと、工事中にかけた迷惑も、気分的に和らぎます。工事をすると、近隣には必ず迷惑をかけます。工事担当者として、極めて効率よく評価を高めることのできるポイントですから、億劫がらずに実施すべきものです。

建築会社によっては、着工挨拶用と竣工挨拶用の粗品を用意しています。高価なものでなくても、気持ちが大切です。

❏ **CHECK**

竣工挨拶完了、ヨシッ！

077 建築主に感謝される仕事ができたか？

✖ 管理されていない現場

話が違うじゃないか。
もう家はいらないから
壊して持って帰ってくれ。
そっ、そんな
こといわれても…。

現場ではクレームがしばしばおこります。主なものとして、

①建物の品質不良（材料不良と施工不良の両面）
②契約工期の遅延（職人不足、図面・段取り・申請・材料遅れ）
③説明不足による建築主と住宅会社の思い違い（図面説明不足）
④近隣からの苦情（住み続ける建築主にとっては大問題）
⑤言ったことが伝わらない（やり直し工事）
⑥職人のマナー不良（5S －整理・整頓・清掃・清潔・躾）
⑦別途工事の解釈違い（契約に含まれていると思った）
⑧建築主への報告連絡不足（コミュニケーション）

その結果、建築主は、納得することなく、「もう家はいらないから、壊して持って帰ってくれ」とつらい言葉が出る場合もあります。

ポイント ☞ 建築主の満足が、技術屋の最大の喜び

○ 管理のゆき届いた現場

建築主から、「あなたのおかげで、いい家ができて、ありがとう」といってもらえるときがあります。技術屋にとって、最高の瞬間です。

我々の仕事は、昔から3Kと呼ばれました。危険・きつい・きたないです。給料安い・休日少ない・格好悪いと合わせて6Kと呼ばれ、若手が業界に入ってこなくなったこともありました。

最近では、新3K、つまり、感動・興奮・完成感と呼ばれることもあります。建築主から感謝の言葉が発せられるときは感動します。多くの職人が協力してくれ、現場を動かして、うまくいくと興奮します。建物が完成していく段階で、完成感を味わうことができます。

❑ **CHECK**

建築主の礼の言葉は、技術屋の勲章！

コラム4

GIVE & TAKE の関係

世の中をうまく渡っていくには、GIVE & TAKE の精神が大切です。仕事が欲しければ、相手にメリットを与えなければなりません。お金が欲しければ、自分の時間や能力を提供しなければ、得ることはできません。気持ちとしては、TAKE を抜いて、GIVE & GIVE のつもりがちょうどよいでしょう。

この関係が成立する前提は等価交換されるものであり、金を払えば、誰でも買えるといった商品売買されるものではありません。したがって例えば、知恵の貸し借りのようなものをいい、知恵を借り、知恵を返すといったものが、この関係です。人間関係の中においては、借りっ放しは許されません。

技術屋にとって、知恵を出すことは重要です。単なる知識から、経験によって、知恵に変えていかなければなりません。知恵を出すことができる人は、数多くありませんが、どこへいっても重宝されます。

第5章
環境管理

建築現場における環境管理とは、主として、ゴミの分別による環境への貢献をいいます。現場から出るゴミを産業廃棄物といい、家庭から出るゴミ、つまり一般廃棄物とは明確に区別しなければなりません。混ぜることは許されません。

産業廃棄物を少しでも減らす努力として、工場でプレカットし、適正な量を現場に搬入するなど配慮しています。現場から発生するゴミが少ないほど、優秀な現場といえます。

078 解体工事の養生はできているか？

✖ 管理されていない現場

ほこりが舞い上って、近所に迷惑をかけているようね。
そうだね、お詫びにまわろうか。

解体工事は、現場に着手する最初の工事になりますから、細心の配慮でもって、近隣とトラブルになることは、避けなければなりません。最初が肝心です。

解体工事は、新築工事に比べ、騒音・振動・ほこりなどが圧倒的に大きい問題の工事です。したがって、シート養生を高く、充分に散水して、ほこりを少しでも減らす努力をします。

現場作業は、近隣に対して、迷惑をかけるのは事実ですから、少しでも緩和する配慮が必要です。その配慮が近隣に伝わらなければなりません。シート養生が全面でなく、高さが低いと、解体作業が丸見えとなり、近隣は不安を感じます。工事途中に、解体終了したところから、順次養生シートを外していくことも不可です。

ポイント ☞ 解体工事は覆いつくす

○ 管理のゆき届いた現場

解体する建物が外部から、まったく見えません。シート養生をしっかりと行なっているからです。何となく騒音・ほこりも少ないように感じます。見た目にも安心感があります。搬出用トラックも敷地内に入れ、シートをかけています。積み込み終了後、搬出するときだけシートをあけます。完璧な解体養生です。

解体工事はきれいな作業ではなく、ほこりまみれになる大変な作業です。工事中は舞台裏となりますから、なるべく見せない方がうまくいきます。養生シートも、汚れのひどいものや、破れているものは当然不可です。養生シートをきっちりと隙間なく、施工します。

❑ **CHECK**

解体工事の養生シートは隙間なし、ヨシッ！

079 道路・側溝の養生はできているか？

✖ 管理されていない現場

道路側溝の養生ができていないじゃないか！
すみません。すぐにやります！

現場の前面道路の側溝に、一部鉄板で養生してあります。しかし、残念ながら気持ちよい状態ではありません。側溝養生が全部ではなく、中央の一部ですから、不足しています。

敷地内の土が側溝へ、こぼれる状態です。土がこぼれる場合には土留めが必要です。

後一歩が不足しています。違いはこの一歩だけです。工事中は、騒音・振動・ほこり・車など、多かれ少なかれ近隣に迷惑をかけることになります。特に敷地外である側溝に、土やゴミが流れるなど、迷惑を及ぼすことは避けなければなりません。

なるべく目立たないように、近隣の方が、気になる前に、いつのまにか工事が終わっているのが理想です。

ポイント ☞ 敷地外養生に注意

○ 管理のゆき届いた現場

この現場は養生がいいね。しっかりしているよ。
俺たちも見習わなくては。

前面道路の側溝にきっちりと鉄板で養生がしてあります。合板の養生よりも優れています。気持ちよい状態になっています。

管理の誠意を感じます。何が違うのか？　後一歩がきっちりと押さえてあるかどうかの違いだけです。時間的な差はほとんどありません。しかし印象は全く違います。

車が出入りする場合には、道路上に車輪跡が残らないように、毎日掃除する配慮も必要となります。後一歩はわずかな一歩ですが、後一歩ができない場合が多いのです。少しでも楽をしたいという気持ちが、人間には必ずあるからです。気をつけたいところです。

❑ **CHECK**

道路・側溝養生、ヨシッ！

080 工事看板が設置されているか？

✖ 管理されていない現場

立派な家ですが、どこが工事しているんでしょうね？
私も相談したいことがあって、連絡したいんだけど…。

現場では、工事看板を設置します。法的に掲示しなければならない、建築基準法による確認済、建設業の許可票・労働保険関係成立票を１枚にまとめて、建築会社独自の工事看板を作成しています。

よく「看板を背負って○○する」といわれます。看板には、別の特別な意味合いもあり、責任感を表します。自信も表します。職人の教育効果にも影響を及ぼします。

まともな現場では、工事看板は必ずビシッと決まっています。一流企業は看板を重視しますから、すべて看板がきれいに設置されています。できていなければ一流企業ではないかもしれません。工事看板を掲げることができないのは自信がないからでしょうか。あるいは建築主の意向があるのでしょうか。

ポイント ☞ 工事看板は完璧に設置

○ 管理のゆき届いた現場

工事看板には、工事担当者の氏名と連絡先を記載する必要があります。何かあったら、誠意をもって対応しますという表明です。工事期間中、迷惑をかけるのは事実ですから、当然のことです。

中には、恥ずかしがる建築主もいて、看板を設置しないで欲しいという場合もあります。その場合には、法的に表示しないといけない事項のみ、小さめに、外から見えにくい位置に設置します。

特別に近隣挨拶を行うごく近辺の方には名刺を渡して、連絡先を表明します。もう少し広い範囲の近隣には工事看板表示となります。現場で工事を行う上での最低条件となります。

❑ **CHECK**

工事看板に異常なし、ヨシッ！

081 敷地の整地養生はできているか？

✖ 管理されていない現場

建築中の敷地の整地状況ですが、粘性土のようで随分とガタガタです。職人の通り道になるアプローチ部分や建物周囲は、歩きにくく、掃除のしにくい状態です。きっちりと平らの状態になっていると気持ちが良いのですが。特に雨の後に歩くと、乾いた跡はガタガタになります。雨のぬかるみ防止のためにも、砂利敷きなどの配慮が欲しいです。足場の建地の下部も土に埋まっています。好ましい状態ではありません。

これらの配慮不足が及ぼす影響は計り知れません。職人にも大きな影響を及ぼします。職人の気分がシャキッとしないと、間接的に、他の品質面や安全面にも悪い影響が及びます。見た目は、想像以上に重要な要素となります。

ポイント ☞ **養生は仕事のしやすさと印象アップ**

○ 管理のゆき届いた現場

整地をし、建物周囲にシートを敷いた状態です。基礎完了後の、先行足場を設置する前に、敷き込んでいます。仕事をする上で、作業性・好印象・汚れ防止を考えて、先読みした配慮といえます。

建築主が見た瞬間に、気持ち良く感じるか、気持ち良く感じないかがすべての判断基準です。感じるのは建築主です。

印象良くするために、建物回りだけ砂利・シート・ヌカラーズなどと呼ばれる樹脂製のもの・古いカーペットなどを、敷くという手もあります。建物を大切にしているというアピールになります。現場の印象アップは大変ですが、その効果は自分にかえってきます。

❏ **CHECK**

建物周囲の養生、ヨシッ！

082 建物回りのシート敷きはよいか？

✖ 管理されていない現場

これからは、周囲に
シートを敷くように。
土が入るから。
わかりました。

現場では、建物の周囲は土のままが一般的です。土のままでは、作業中、靴に泥がついて、そのまま玄関ポーチ部分も土だらけになります。幾分かは床上にも上ります。現場には多くの職人が出入りしますから、床養生していても、床のキズの原因になります。

現場にいつ行っても、清掃がいき届いていなかったら、工事管理や職人の人間性に難点があります。満足感の得にくい状態となるでしょう。

現場では「土足厳禁」と書かれた標語を見かけます。少しでも、土を床上に上げないように配慮するからです。周囲が土のままでは、せっかくの標語が生きてきません。原因となる土は、なるべく元から、解決していきたいものです。

ポイント ☞ 建物周囲の土を上がりにくく

○ 管理のゆき届いた現場

工事中、建物の周囲に、シートを敷いたり、砂利を敷くことがあります。作業性の向上と同時に、見栄えが非常によくなります。

シート敷きは、現場に入る職人にもよい影響を及ぼします。自然に現場をきれいにするようになるからです。土を室内に上がりにくくすると、現場の印象はかなりアップします。

汚れにくい現場は、清掃もやりやすいのです。

現場の基本として、よく5Sと言われます。整理・整頓・清掃・清潔・躾の5Sが配慮された現場は、自然とうまく進行します。基本に忠実ということでしょう。

❏ **CHECK**

建物周囲のシート敷き、ヨシッ！

083 道路の側溝に土がこぼれていないか？

✖ 管理されていない現場

土留めをしていないから、
土がこぼれているぞ。
今から土留めを
します。

現場の敷地から公共の道路に、土がこぼれている状態を見かけることがあります。仮設水道の排水や雨が降ると、一緒に土が流れ出しています。工事関係者が気付くことなく、放置され続けています。管理されていないシグナル発信のブロークンウィンドウズです。

一般に、敷地の地盤の高さは、排水の関係で、道路よりも高くしなければなりません。工事中に土留めをしなければ、必然的に土が流出します。近隣の方は、工事関係者の想像以上によく観察しています。近隣からクレームをつけられることは少ないのですが、工事関係者が事前に察知しなければならないものです。

公共の道路・側溝に土がこぼれているのは、失礼なことです。工事をさせていただくという謙虚な心が不足しています。

ポイント ☞ 道路境界に土留めの必要性

○ 管理のゆき届いた現場

道路の側溝に土が入らないように、側溝のふたの開いているところに全箇所ふたをかぶせています。またグレーチング部分には網を敷いています。公共部分に迷惑をかけないように配慮されています。このような現場は、管理されているシグナルの発信となります。

土留めをして、土がこぼれないように、また側溝にふたを取り付けて、土が入いらないようにします。これらが実施されている現場は、近隣配慮のゆき届いた会社の仕事で、教育のゆき届いた職人が入りますから、工事期間中、近隣に大きな迷惑をかける可能性は低いといえます。

❑ **CHECK**

道路の側溝に土こぼれなし、ヨシッ！

084 現場の立入り禁止（仮囲い）の措置はできているか？

✖ 管理されていない現場

誰でも敷地内に入れる状態です。建物内にだけ施錠されています。昔はこのような現場が、標準仕様でしたが、現場の管理レベルはどんどん上ってきています。仮囲いがないと、予算は不要ですが、街行く人や、現場に入る職人に対して、管理されていないというシグナルを発信していることになります。きっちりとした管理状態を示すことにより、品質・工期・安全・環境・人間関係にも良い影響を与えることができます。

敷地の内外で区分をつけると、建築材料も置きやすくなり、防犯対策になります。見た目もすっきりとします。また、敷地の段差から土が側溝にこぼれて、近所迷惑です。通路に仮設排水が出て、イメージが悪いです。

ポイント ☞ 敷地は仮囲いで防犯対策

○ 管理のゆき届いた現場

現場は個人の財産です。建築主の立場に立つと、きっちりと施錠し、侵入禁止措置をしてもらいたいものです。他人が入ってくるのは気持ちのよいものではありません。

敷地周囲全面に仮囲いとその施錠、また建物にも施錠して防犯対策をします。当然、鍵の管理も必要となります。仮囲いを乗越えることは可能ですが、大きな抑止力にはなっています。最近では仮囲いは、建築会社の標準仕様になってきています。

やるべきことをやって、管理の誠意をアピールします。管理のレベルに差がつく分野でもあります。

❏ **CHECK**

現場の立入り禁止措置、ヨシッ！

085 仮設トイレはきれいか？

✕ 管理されていない現場

「朝顔」と呼ばれる簡易トイレ。最近は見かけなくなりました。

現場にこれが設置されると、工事管理のすべての点で、問題が残ります。仮設トイレそのものが設置されないのは論外です。

仮設トイレは設置されていますが、汚れ匂いが気になります。誰も掃除しません。トイレットペーパーもありません。

トイレの入り口に障害物があります。

汚い仮設トイレは、ブロークンウィンドウズそのものです。建築現場で、まず一番に仮設トイレを見ると、その現場のレベルが大体わかります。工事担当者・職人の人間性が如実にわかってしまう恐ろしいところです。

汚い仮設トイレが設置されっ放しの現場では、建築主が満足感を得る可能性は低いのです。すべての点において、大きく影響します。仮設トイレを汚れにくくするには、入り口前面に砂利を敷くなどの配慮が必要です。トイレをきれいに使用できない職人は、現場もきれいにできないという相関があります。

ポイント ☞ 仮設トイレを見れば現場レベルがわかる

○ 管理のゆき届いた現場

仮設トイレを設置した上に、さらに化粧カバーを取り付けています。グリーンをあしらい、頑張っている姿がうかがえます。

ほうっ、俺ん家の
トイレよりきれいだね。

仮設トイレの中がきれいです。トイレットペーパーも掃除道具も完備しています。しかも掃除をした日のチェックリストもあります。

最近では仮設トイレに、目隠しカバーを設置することが増えてきました。設置場所も可能な範囲で、隣家の玄関や窓の位置を考慮する配慮も必要です。

このレベルの仮設トイレが設置されている現場は、品質・工期・安全・環境・人間関係など、すべての点で優秀といえます。直接の仕事ではないところで、判断されています。たかが仮設トイレとバカにしてはいけません。

❑ **CHECK**

トイレの掃除、ヨシッ！

086 現場の喫煙管理はできているか？

✖ 管理されていない現場

世の中の流れで、建築現場における、煙草の管理が厳しくなってきました。今では、建物外部の喫煙指定場所１箇所のみ許可されています。室内で吸うことは不可です。昔は、吸殻を灰皿に入れる条件を守れば、室内で吸っても許可されていました。煙草の匂いを嫌う方が増え、室内喫煙は厳禁です。当然ですが、くわえ煙草で仕事をすることは許可されません。吸殻が一つでも、落ちていることは不可です。車の中で吸うよう指示をしている会社もあります。

職人で、煙草の愛好家にはつらい面がありますが、世の中の流れです。地域によりますが、街中で煙草を吸うと罰金が定められています。この罰金制度を採用している建築会社もあります。これほど、大幅に厳しくルールが変わった点も珍しいです。

ポイント ☞ 喫煙は外部の指定場所１箇所のみ

○ 管理のゆき届いた現場

建物外部に、「喫煙所」の表示があり、灰皿が準備されています。雨が入らないように、蓋もついています。吸殻は一つも落ちていません。煙草の嫌いな方でも、比較的気分よくしていただけると思います。建築会社では、これが標準になっています。

建築主の財産に、煙草の匂いをつけることはマナー違反になります。時代を先取りして、現場内全面禁煙を採用している会社もあります。おかげ様で禁煙に成功した職人もいます。

経験則ですが、煙草の管理がきっちりとされている会社は、他の点でも、おおむね優秀といえます。

❏ **CHECK**

現場の煙草吸殻ゼロ、ヨシッ！

087 ゴミ箱はきちんと設置されているか？

✖ 管理されていない現場

なんだ、このゴミ箱は。
ぐじゃぐじゃだ！
ひどいですよね。
ダンボール

現場では必ずゴミが発生します。現場から排出するゴミを産業廃棄物といいます。家庭から排出する一般廃棄物のゴミとは明確に区別して、適正に処分しなければなりません。

同じダンボールであっても、現場から出る梱包材は産業廃棄物、家庭から出る梱包材は一般廃棄物になります。混合することはできません。税金で処分するものと、企業が処分するものは区別しなければなりません。

廃棄物の処分にはコストがかかるため、場合によっては不法投棄され、元請け業者の罰金になる例もあります。したがって、ゴミの管理は重要で、現場管理のレベルがわかります。ゴミ箱がきれいに設置されていない場合には、何らかの問題がある場合が多いのです。

ポイント ☞ 廃棄物も雨養生

○ 管理のゆき届いた現場

昔は、すべての産業廃棄物を分別せずに、混合廃棄物として、処分していました。外部のあいた場所に、うず高く積み上げて、雨に濡れても気にしませんでした。

最近は環境問題が厳しくなり、廃棄物種別ごとに分別します。その際に、石膏ボードやダンボールなどの紙くずは、雨に濡れると、リサイクルできないために、雨養生します。ゴミ箱にシートをかけて、雨に濡れないように配慮します。したがって、ゴミ箱といっても結構立派な設備になります。現場で、石膏ボードやダンボール紙が雨ざらしになって放置されているのは惨めです。

❑ **CHECK**

ゴミ箱の管理、ヨシッ！

088 保安ボックスは玄関に設置されているか？

✖ 管理されていない現場

保安ボックスは、玄関ドアの内側に設置するのが、本来です。中身は、建築主用のスリッパ・ヘルメット・消火器・救急箱などです。靴を履き替える玄関框の近くが良いです。

雨に濡れないようにします。外部の土の上に設置して、雨に濡れているのは惨めです。建築主が履きかえたスリッパが、濡れていたら最悪です。現場に文句の一つも言いたくなります。放りっぱなしという印象を受けます。

せっかくのスリッパが散らかっています。ボックス内部が埃だらけ、石膏ボードの粉まみれです。スリッパに履き替える気持ちが起こりません。これでは工事管理の誠意が伝わりません。誠意が伝わらないのは、誠意がないのと同じ結果になります。

ポイント ☞ **保安ボックスが伝える管理の誠意**

○ 管理のゆき届いた現場

玄関ドアの内部に設置された保安ボックスで、スリッパに履き替えやすい位置にあり、回りも、よく片付いています。建築主用のヘルメット・スリッパが玄関の保安ボックスの中にきっちりと用意されているのは気持ち良いものです。

玄関は顔ですから、現場管理の印象として、最も片付いた状態にしておく必要があります。保安ボックスの上には、お花が飾ってあります。心憎い演出です。現場に携わる誰かの気遣いです。

このような配慮がされる現場は、過去の経験から、順調に進みます。配慮が不足するから、問題が起こるのです。

❑ **CHECK**

保安ボックス設置位置、ヨシッ！

089 イメージシートはきれいか？

✖ 管理されていない現場

イメージシートそのものがありません。養生メッシュシートを4面全面ではなく、部分的にだらしなくはっています。気分的にもシャキッとしません。隙間が多く、たるみだらけです。固定するヒモも全部についていません。最初からきっちりと固定する意識がありません。

高級住宅街に建設中の立派な家です。坪単価も高級でしょうが、仮設工事の品質・コスト・安全・環境面は低級です。回りの環境から逸脱しています。このような建設業者はいずれ淘汰されていく可能性があります。

よく見ると、足場もいろいろと問題がありそうです。このような仮設工事では、品質や工期にも問題が生じる可能性を感じます。

ポイント ☞ イメージ良いシート

○ 管理のゆき届いた現場

きっちりとしてくださるんですね！
いやー、当然ですよ！

イメージシートは住宅会社の顔を表しますから、泥や吹き付けの汚れが付いていたり、たるみ、破れ、紐が外れて垂れ下がっているのは不可です。だらしないシートでは気分もシャキッとしません。

4面全面に、養生メッシュシートをきっちりとはっています。街行く人に好感をもたれる工事です。建築会社の企業姿勢がわかります。工事中の外見は重要です。ただし、管理しておかないと、すぐにレベルが落ちてしまいます。

イメージシートはイメージを良くするためのもので、イメージを悪くするシートになってはいけません。

❑ **CHECK**

イメージシートの汚れ・外れなし、ヨシッ！

090 養生メッシュシートの台風対策はされているか？

✖ 管理されていない現場

養生メッシュシートと、イメージシートが非常にきれいにはられています。通常はこれで必要かつ充分です。しかし、台風通過時には、風圧を受けて足場が危険な状態になります。メッシュシートは風が通るというものの、台風の時には無理です。

一般的には、養生メッシュシートをとり外すのではなく、足場の建地に、たぐり寄せる方法がとられます。そして台風通過後は直ちに復旧するのは、いうまでもありません。

台風が来るときに養生メッシュシートがそのままはりっ放しでは管理がされていない現場になります。台風通過後に養生メッシュシートが復旧されずにたぐり寄せっ放しもまた管理されていない現場といえます。

ポイント ☞ 台風時の養生シートたぐり寄せと復旧

○ 管理のゆき届いた現場

足場の建地に、養生メッシュシートをたぐり寄せた例です。強風時には、このような管理が必要です。結構手間がかかり、養生メッシュシートを、元のはった状態に復旧していない現場が、数多く見受けられます。中には、そのまま竣工させてしまったという、つわものもいます。特に夏場は養生メッシュシートがない方が、風通しが良いということで、現場監督から、養生メッシュシート復旧の注意を受けるまでは、職人が放りっ放しにする場合があります。

台風通過後に直ちに復旧されている現場は、すべての点で行き届いています。このようなところで、判断されています。

❑ **CHECK**

台風時の養生メッシュシート、ヨシッ！

091 ダンプ搬出入の泥を清掃しているか？

✖ 管理されていない現場

なに、道路のこの汚しかたは。
すごい汚しかたよね、先が思いやられるわ。

敷地から工事用車両が出入りするたびに、道路を汚す場合があります。特に坂道になっていると、かなり遠くまで、タイヤの跡がついています。どこの現場から出た泥かは一目瞭然です。近隣に対して、迷惑をかけることで、建築主の立場は、肩身が狭く感じます。

現場管理の配慮が不足しています。職人を含む工事関係者に対するマナー教育が必要です。迷惑をかけているという認識がない場合もあります。

感受性の問題ですが、そのような工事関係者にあたると、さまざまな場面で不満が出てきますから、建築主もつらいです。工事担当者も苦労します。皆が楽しい仕事でなくなります。配慮のない職人のおかげで、皆が苦労します。

ポイント ☞ 現場の前面道路はきっちり清掃

○ 管理のゆき届いた現場

きれいにして
くれているわ。
そうだね、いい人に
あたってよかった。

その日の仕事が終了してから、職人が道路に水をまいて、掃除している姿をみることがあります。実に気持ちのよいものです。近隣に対する配慮が感じられます。その場所で工事をするということは、それだけで、近隣に対して迷惑をかけることになります。迷惑をかける度合いを減らす努力をしたいものです。

ここまで行えば、近隣も「お互い様精神」を発揮してくれる確率が高まります。施工を担当する立場の、技術屋として恥ずかしくないようにはしたいものです。きっちりとしたマナーをもつ職人の場合、すべての点で問題が起きる可能性は減ります。

❏ **CHECK**

前面道路清掃、ヨシッ！

092 近隣からみて見苦しくない現場か？

✖ 管理されていない現場

敷地内の建物外部で、整理・整頓ができていない現場は、近隣に対して格好の悪い話になります。

建築主としては、近隣に対して、肩身の狭い思いをすることになります。建築主の顔をつぶす結果となり、建築会社と建築主の関係も、うまくいかなくなることがあります。外部から見えるところは、それなりのレベルにしておかなければなりません。建築主としても、建築会社としても、それぞれメンツがあります。

スカッと見える現場は、順調に進行します。要領のよい工事担当者は、目立つところに力をいれ、うまく納めていきます。現実問題として、全箇所に均等に全力を注ぐことはできません。近隣から見えるところは、当然優先順位が高くなります。

見えるところは重点的に整理・整頓

○ 管理のゆき届いた現場

建築会社にとっては、数多くの中の１棟でも、建築主にとっては、自分の家が100%です。建築主と建築会社の間で、この点が大きく影響します。また、ゼネコンのビル建築とは異なり、工事担当者は現場に常駐しません。多くの現場を巡回するため、ゆき届かない場合が出てきます。

住宅現場では、現場の職人に任せますから、微妙な感覚のズレがおこります。曖昧な指示ではなく、具体的にはっきりと結論づける指示でなければなりません。特に、整理・整頓などはレベルが難しいため、思っている整理・整頓よりも劣った整理・整頓になりがちです。

❑ **CHECK**

整理・整頓、ヨシッ！

093 内部の整理・整頓はよいか？

✖ 管理されていない現場

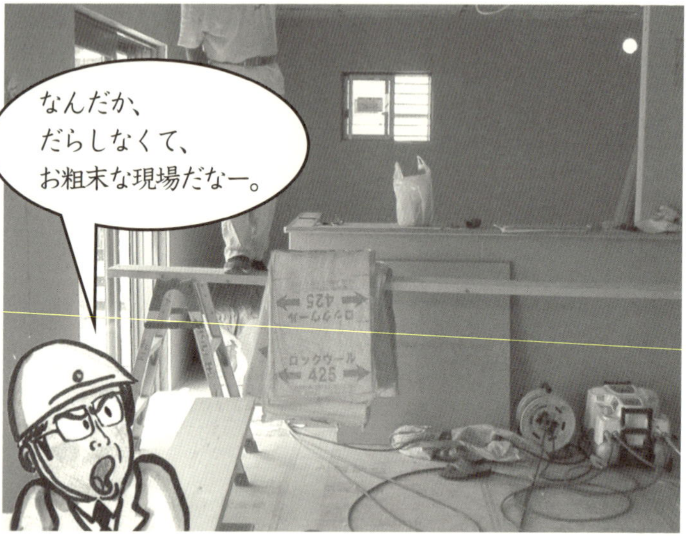
なんだか、
だらしなくて、
お粗末な現場だなー。
ロックウール
425

工事中の現場において、管理する上で、整理・整頓は極めて重要な要素になります。整理・整頓されていない現場では、安全衛生・品質・工期・人間関係・環境・顧客満足などの点で、問題が発生しやすい状態となるからです。

作業中の職人の周囲を見回してみると、整理・整頓されているかは、感じるものです。散らかし放題の現場に行くと、探し物ばかりしている大工がいます。片付けていないから、どこに何があるか、わからなくなっているのです。効率も悪く、工期も長くかかります。

工事中の数ヶ月間、現場を順調に納めていくために、5S（整理・整頓・清掃・清潔・躾）は、最も基本となる事項です。5Sがきっちりとできている現場は、安心してみることができます。

ポイント ☞ 現場の整理・整頓は必要条件

○ 管理のゆき届いた現場

オッ！　きれいにしているな。
これぐらいなら安心だ。

整理・整頓ができている現場は、余裕があるというシグナルが発信されているようなもので、建築主を含む現場関係者に、よい影響を及ぼします。逆に足の踏み場もない現場では、悪い影響を及ぼすことになります。きれいに整理・整頓された現場では、それなりの職人ですから、自然と指摘事項も減っていきます。整理・整頓できる職人を使うのが必要条件となります。

きれいな現場では、工事担当者は、建築主に対して、肩身の狭い思いをしなくてすみます。自信をもって、対応できます。技術屋が後ろめたい気持ちで仕事をする場合に、ろくなことはありません。

❑ **CHECK**

整理・整頓が仕事の基本、ヨシッ！

094 材料の管理がきちんとできているか？

✕ 管理されていない現場

オイッ！　材料が濡れているじゃないか！
アッ！ヤバッ…。

材料の保管ですが、建物内に保管できる場所があればよいのですが、狭いところでは、外部に置く場合もあります。当然濡れないように、まず、地面に枕木を敷いて、かさ上げしてから、その上に材料を置きます。そして、シート養生します。

雨が降り、雨水が溜まって水浸しになっては話になりません。当然の配慮です。そのわかりきっているはずのことができない場合が現場ではおこります。

濡れてしまった材料は使えませんから、再度購入しなければなりません。建築主が負担するコストではなく、建築会社が負担しますが、無駄使いです。無駄が目立つと、大切に扱われていないということで、クレームになる確率が増えます。

ポイント 材料置場を設置し、大切に扱うアピール

○管理のゆき届いた現場

敷地に材料置場を設置する場合があります。比較的敷地が広い場合ですが、足場の部材で骨組みを組み、シート養生します。

この中に材料を整頓して、入れておくと完璧です。材料管理がていねいにされた現場は、仕事の能率もあがります。このような現場ではクレームもなく、順調に工事が進行する確率が高いといえます。

材料管理がしっかりできている現場は、材料の無駄がありませんから、コストにも反映し、廃棄物が少なく、結果的に環境にも配慮されます。職人の教育上も好ましいものです。すべての点で、良循環につながります。

❏ **CHECK**

材料管理に問題なし、ヨシッ！

095 職人がエンジンをかけっ放しで昼寝をしていないか？

✖ 管理されていない現場

エンジンかけっ放して、
昼寝するなヨ！
近所迷惑だ！

真夏の暑い日の昼食時、職人が車の中で、エアコンをかけて昼寝をすることがあります。力仕事をする職人が疲れて、少し昼寝をしたい気持ちはわかります。中小の現場では、大きなビル建設現場のように、職人のリフレッシュ施設を設置することはできません。

ところが、エアコンをかけっ放しでは、近隣の住人からすれば感じのよいはずがありません。窓をあけて網戸をしているところへ、排気ガスがまともに入ってきます。現場では騒音・振動・ほこりなど、近隣にとって迷惑な要素は多くあります。さらに排気ガスではたまりません。

近隣のよしみと、工事期間限定だから、辛抱してもらえることもありますが、それに甘えてはいけません。

ポイント ☞ エンジンかけっ放しは近隣迷惑

○ 管理のゆき届いた現場

車のエンジン
ヨシッ！
職人は現場の中に
入っているな。

工事期間中、近隣の迷惑に対しては、極力配慮をしなければなりません。車内のエアコンではなく、現場内の扇風機で我慢する方がうまく現場が進行します。

職人の人間性やマナーが重要視されます。建築会社にとっても、工事担当者にとっても、近隣とトラブルをおこさない職人が好ましいわけです。職人が近隣とトラブルをおこして、謝りにいかなければならない立場はつらいものです。

最近では、お互い様という意識が希薄になってきています。近隣にとって、いつのまにか竣工していたという状態がよいのです。

❑ **CHECK**

エンジンのかけっ放しなし、ヨシッ！

096 ラジオの騒音を出していないか？

✕ 管理されていない現場

現場では、かなりの騒音が発生します。必然的に近隣に迷惑をかけることになります。仕事で使う電動工具などは別として、必要でない音も多々あります。ラジオの騒音や職人の話し声などです。

近隣に迷惑をかけるのは事実ですから、減らすことのできる騒音は、少しでも減らさなければなりません。現場の1階で、ラジオの音が高らかになっていて、職人は2階で、ラジオを聞きながら、仕事をすることがあります。とんでもないことを平気でする職人がいます。まさに騒音公害です。

現場にいくと、ラジオの音ばかり聞こえて、仕事の音が聞こえないのです。工事担当者にとって、近隣の苦情に謝りにいくのはつらいものです。苦情のこない職人に担当させる方が、楽だからです。

迷惑騒音の管理

○ 管理のゆき届いた現場

現場では、釘打ち機や丸ノコなど、電動工具の使用時には、かなりの騒音が発生します。今では、これらの電動工具を使用しない条件では仕事ができません。仕事の進行上、やむを得ない騒音として、近隣の方も我慢してくれることが多いです。ラジオの騒音ではなく、仕事そのものの音です。

したがって、なるべく早く大きな騒音が漏れにくい状態にするため、建物の外部仕舞いを優先します。外部仕舞いが完了すると、サッシを締め切って仕事をすれば、多少の騒音は気になりません。要領のよい職人は、造作を放っておいてでも外部仕舞いを優先させます。

❑ **CHECK**

迷惑騒音の漏れ、ナシッ！

097 泥除けマットは設置してあるか？

✖ 管理されていない現場

玄関がきれいに養生されています。せっかくきれいにしているなら、もう一歩、泥除けマットを置くと、さらに格好よくなります。多くの職人が出入りするわけですから、泥土が床上に上がります。泥除けマットを設置しておくだけで、職人に対して、現場の床上に泥土を上げないように注意しろよという、管理しているメッセージを発信していることになります。

上靴に履き替えても、現場作業中は、玄関・ポーチは上靴のまま作業することが多く、泥土があがることになります。したがって、泥除けマットが現場では強力なメッセージ発信手段になります。泥除けマットに相当するものを探して、現場に設置する工夫ができる人が望ましい監督です。工夫は簡単ではありません。

ポイント ☞ **泥除けマット設置が管理のメッセージ**

○ 管理のゆき届いた現場

現場では、もう一歩という考え方が重要です。現場は配慮し続けないと、すぐに汚れます。現場では竣工までに、実に多くの職種の、多くの職人が出入りするわけです。整理・整頓・清掃・清潔・躾の5S を何回もアピールします。わかりきっていることを何回も言わなければなりません。そうでないと現場を正常な状態で維持できないのです。

もっとも正常な状態が当然であって、評価されません。逆に正常でない状態になると、厳しく叱られます。工事担当者も気の毒な立場なのです。ビジネスの世界ではどこも同じですが。

❑ **CHECK**

上棟全現場に泥除けマット設置、ヨシッ！

098 仮設水道の排水処理はされているか？

✖ 管理されていない現場

排水管がないから、
土が流れるよ。
すいません、排水設備
すぐつけます。

現場では、着工前に仮設水道を立ち上げます。水道がないと仕事ができませんから、当然です。着工しても、水道がない場合がありますが、その場合には近所から借用せざるを得ません。段取りの悪さをあらわして、格好の悪い話です。建築主も、施工店の段取りが悪いということで、つらい立場になります。

給水は設置しますが、排水は知らん顔で、垂れ流し、回りは水浸し状態ということがあります。施工環境の悪化です。現場に入る職人も迷惑します。

敷地に排水が溜まっていると、見た目にも感じが悪いです。回りも汚らしく、きれいな現場になりません。現場の印象が悪いと、他も全部悪く見えます。

ポイント ☞ **仮設給排水設備を確認**

○ 管理のゆき届いた現場

オッ、きれいにできているじゃないか。
当然ですよ。いつもどおりです。

最近では、仮設給排水をきっちりと施工することが多くなっています。現場の管理レベルが上がっています。昔のままを持続していると淘汰されていく運命にあります。敷地に水が溜まり、じゅくじゅく状態では不可です。回りにも樹脂製の踏み台を置くなど配慮が感じられます。

現場では、結局どれくらい配慮したか、その配慮を建築主が感じとってくれるかがポイントになります。これらの誠意が伝わるならば、現場は順調に進行します。品質・納期・安全衛生・環境・人間関係なども、きれいに納まってきます。

❑ **CHECK**

仮設給排水設備の管理、ヨシッ！

099 電気コードが乱雑に這い回っていないか？

× 管理されていない現場

電気コードを片付けよう。足の踏み場もないよ。
すいません。すぐ片付けますから。

工事中の現場においては、電動工具を多用します。今では、電動工具がなかったら仕事ができません。現場で使用される電動工具には、丸ノコや釘打ち機をはじめ、多くの種類があります。

職人が別々に電動工具を使用するため、電工ドラムからタコ足配線形式で、それぞれのコードを長く引っ張ると、電気コードが這い回ることになります。中にはコードがからみあって、外れないこともあります。これでは現場が片付いていないという印象を与えます。

実際に床上をコードが這い回っていると、掃除がうまくできず、自然と片付いていない現場になります。それは職人にも感じられてしまうようで、このような現場では、すべての扱いがぞんざいになり、現場のレベルが低下することになります。

ポイント ☞ 電動工具のコードを這わさない工夫を

○ 管理のゆき届いた現場

職人によりますが、一度に１種類の電動工具だけ電工ドラムにつなぎ、きれいに片付けながら仕事をする人もいます。また、床上にコードを這わさないために、フックを採用して、上部空間にコードを這わす場合もあります。

よく、「足の踏み場もない現場」と表現されますが、床上が片付いていないと、印象・安全・仕事の効率などが悪くなっていきます。現場の片付けに、最も大きく影響する職人は何といっても大工です。大工の人間性ですが、マナー教育によって、かなり良くすることはできます。きっちりとした大工の現場はいつもきれいです。

❑ **CHECK**

電動工具のコードは這い回りなし、ヨシッ！

100 ゴミの分別はできているか？

✖ 管理されていない現場

何だ、このゴミは！
分別するように
いってるだろう！
すいません。
やりなおします。

現場から出る産業廃棄物は、まず現場において、分別をしてから、収集運搬業者にわたします。そして、中間処分業者・最終処分業者と決められたルートにしたがって流れます。

住宅会社により、分別のレベルは異なりますが、たとえば、木くず・紙くず・廃プラスチック・廃石膏ボード・ガラス陶磁器くず・その他のように分別します。昔は、混合廃棄物として、まとめて出していましたが、社会的に通用しにくくなり、リサイクルしやすいように、現場で分別しなければなりません。

金属くず以外は、採算ベースにのりにくいため、適性に管理しておかないと、不法投棄になる可能性があります。不法投棄されると、元請け会社はマスコミにのり、懲罰的罰金を受けます。

ポイント ☞ 分別の徹底で気持ちの良い現場

○ 管理のゆき届いた現場

ゴミ袋を種別ごとに分け、現場でていねいに分別されていると、環境問題への配慮として、実に気持ちのよいものです。職人のマナーに感激します。このように、ていねいに分別されている現場は、職人のレベルからして、他の品質・工期・安全面などでも問題が少ないはずです。建築主からのクレームも少ないでしょう。

分別することにより、建築材料をていねいに扱うようになります。整理・整頓にも配慮しないと、うまく分別できませんから、現場がきれいになっていきます。

現場段階で分別すると、コスト縮減になるようになっています。

❏ **CHECK**

ゴミ袋はていねいに分別、ヨシッ！

おわりに

これまで、建築現場におけるブロークンウィンドウズ理論の事例を100項目、みていただきました。現実には、さらなるブロークンウィンドウズは、たくさんあると思います。鋭敏な感受性で気づいて欲しいものです。

現場の管理をして、ブロークンウィンドウズ現象には気づかない場合もあります。気づいても、問題と認識できるか、問題を実際に対処して解決するか、他にも同様の問題がないか確認するか、などのレベルがあります。人間は人により常にバラツキます。同じ人でも、条件が異なればバラツキます。そこを乗越えて鋭敏な感受性が要求されます。100項目のヒントがあれば、目も養われ、それなりの感受性ができたと思います。自分なりにアレンジして、それぞれの現場で、ブロークンウィンドウズに気づき、対処して欲しいという思いでまとめたのが本書です。

いったん、現場で、「管理していない」シグナルを発信してしまうと、人間の弱さで、つい甘えてしまい、自分の都合のよいように勝手に解釈して、納得してしまいます。それが、現場の品質を低下させ、コストを上げ、工期を遅らせ、安全を阻害し、人間関係を崩し、環境を悪化させ、建築主の不満として連鎖していきます。

現場では、「管理している」シグナルを発信して欲しいものです。建築主の夢の住まいづくりの一端を担うプロですから、技術者として、恥じることなく、満足感を得ることのできる現場管理をしていきたいと思います。この仕事は、建築主を幸せにする素晴らしい仕事です。その対策はすでに頭の中にあります。行動をおこす直前まできています。

謝辞

私は住宅建築業界に入って30年を超えましたが、その間に実に多くの現場を体験させていただきました。今から思えば、恥ずかしい失敗も数多かったのですが、少しでも若手技術屋に、ヒントを提供することにより、成長の一助になって欲しいとの思いで本書をまとめました。

日本建築協会の出版委員会のメンバー各位、学芸出版社の編集長：吉田隆氏、編集担当：越智和子氏には永らく出版に向けて、毎月助言をいただき感謝申し上げます。実に永い時間がかかりましたが、多くの方の協力のもと、おかげ様で本書が誕生しました。この場を借りて、心よりお礼申し上げます。有難うございました。

著者：玉水新吾

1953年京都市生まれ。名古屋工業大学建築学科卒業後、1976年から大手住宅メーカーにて、住宅現場の施工管理・品質・保証・工程・安全衛生・環境・技術研修・知的財産・教育など、住宅技術一筋。
現在は独立し、「ドクター住まい」を主宰、大阪地裁民事調停委員。

資格：1級建築士・1級建築施工管理技士・1級土木施工管理技士・1級造園施工管理技士、1級管工事施工管理技士・インテリアプランナー・インテリアコーディネーター・コンクリート技士・第1種衛生管理者・建築積算資格者・宅地建物取引士等

講師：木建作業主任者、足場作業主任者、職長教育、安全大会、各種技術研修、1級建築士学科（施工）講習、1級建築施工管理技士講習等

著書：『現場で学ぶ住まいの雨仕舞い』『建築主が納得する住まいづくり』『写真マンガでわかる住宅メンテナンスのツボ』『写真マンガでわかる工務店のクレーム対応術』『建築現場のコンクリート技術』『図解　雨漏り事件簿　原因調査と対策のポイント』（以上、学芸出版社）

マンガ：阪野真樹子

写真マンガでわかる
建築現場管理100ポイント

2009年　3月10日　第1版第1刷発行
2019年　2月20日　第1版第5刷発行

企　　　画………社団法人 日本建築協会
〒540-6591　大阪市中央区大手前1-7-31-7F-B
著　　　者………玉水新吾
（阪野真樹子　マンガ）
発　行　者………前田裕資
発　行　所………株式会社 学芸出版社
〒600-8216　京都市下京区木津屋橋通西洞院東入
電話075－343－0811

印　　　刷………オスカーヤマト印刷
製　　　本………山崎紙工
装　　　丁………KOTO DESIGN Inc.

ISBN978-4-7615-1254-5